さがごこち

Saga Photo Guide Book

佐賀の日常を、さがす旅へ。

遠くに沈む夕日が、佐賀平野の田園風景を金色に染め上げる。
春には水が張られた田んぼに反射して、眩しいくらいの光に包まれる。
その光は、かつて城下町として栄えた佐賀という町の、
歴史や伝統、そこに暮らす人たちを、輝かせる。
飛行機から見下ろす有明海は、海苔漁師たちが描いたアートのよう。
玄界灘の青い海から揚がったたくさんの活き活きとした魚介は、
佐賀の味覚そのもの。素材の味が最大限に引き出されているのだ。
美肌の温泉街として有名な嬉野の山あいは、日本屈指のお茶の産地。
旬の頃には、段々畑を深い霧が包み、芳醇な香りの茶葉を育む。
歴史の深い佐賀には、土地の記憶がたくさん宿っている。
有田焼をはじめ、伊万里焼、肥前吉田焼、唐津焼といった陶磁器文化。
育まれた伝統は、若い世代へと継がれている。
力強く組まれた古い石垣や、何千年もそこにある大きな楠。
歴史ある祭りや神社仏閣の細部には、魂が宿っている。
それらは世代を超えて私たちを楽しませ、エネルギーを与えてくれる。
佐賀のうつくしい『てざわり』は、ずっと変わらず、
ありのままの姿で日常の中にある。

Contents

ABOUT さがごこち

『さがごこち』は、都市や風景の再生をテーマに活動をしてきた佐賀出身の建築家・馬場正尊が、佐賀の日常に潜むうつくしさを切り取るために、2016年に立ち上げたプロジェクト。このフォトガイドブックは、『さがごこち』が4年間かけて拾い集めてきた宝石のような佐賀の魅力を、ローカルフォトという手法で、全国各地の地域と向き合ってきた写真家・MOTOKO が撮りおろした１冊。ハレもケもない、佐賀の本当の魅力を見つけるための、新しい『旅』の提案。

MOTOKO プロフィール

写真家。1966年大阪生まれ。1996年、写真家として東京でキャリアをスタート。雑誌や音楽媒体、広告の分野で幅広く活動。2006年より地方地域に視点を移し、滋賀県の農村をテーマとする『田園ドリーム』の撮影をスタート。2013年、香川県小豆島で7人の女性のカメラチーム『小豆島カメラ』を立ち上げる。以降、写真でまちを元気にする『ローカルフォト』という活動を全国で展開。主な事業に、滋賀県長浜市『長浜ローカルフォトアカデミー』、神奈川県真鶴町『真鶴半島イトナミ美術館』、愛知県岡崎市『岡崎カメラがっこう』、福島県『学べる磐梯山』など。展覧会は『田園ドリーム2018』（オリンパスギャラリー東京）、『田園ドリーム』（銀座ニコンサロン 2012）、作品集に『Day Light』（ピエブックス）、『京都』（プチグラパブリッシング）など。

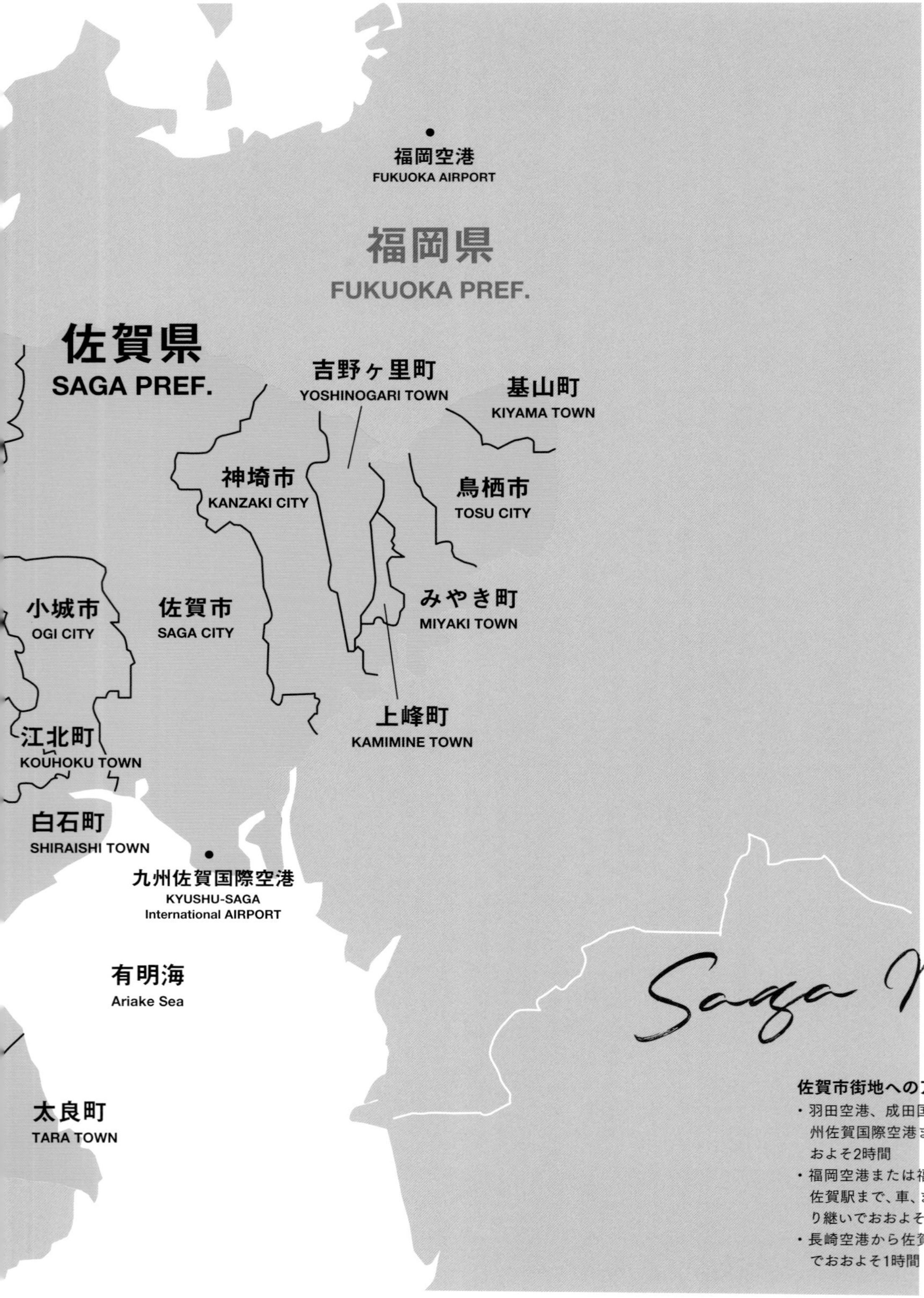

Saga Map

佐賀市街地へのアクセス

- 羽田空港、成田国際空港から九州佐賀国際空港まで飛行機でおおよそ2時間
- 福岡空港または福岡市街地から佐賀駅まで、車、または電車を乗り継いでおおよそ50分～1時間
- 長崎空港から佐賀市街地まで車でおおよそ1時間

玄海町
GENKAI TOWN
唐津市
KARATSU CITY
伊万里市
IMARI CITY
多久市
TAKU CITY
武雄市
TAKEO CITY
大町町
OMACHI TOWN
有田町
ARITA TOWN
嬉野市
URESHINO CITY
鹿島市
KASHIMA CITY
長崎県
NAGASAKI PREF.
長崎空港
NAGASAKI AIRPORT

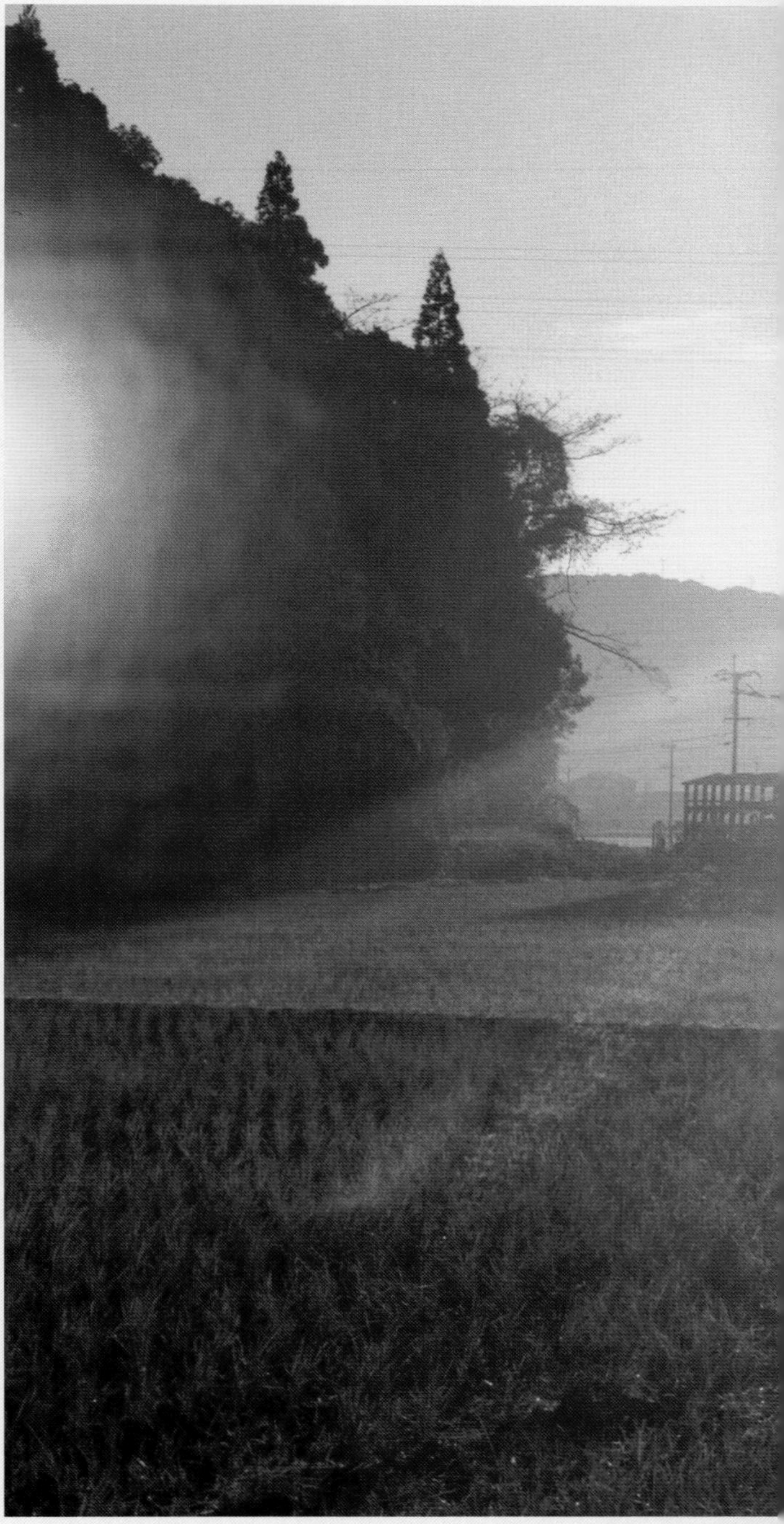

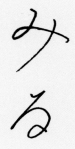

みる

全身を包み込む『さが』の光

『さがのここちのよさ』の正体の一つに光がある。肥沃な佐賀平野に広がる田畑に降り注ぐ太陽の光。その光を受け止めて反射させる有明海や玄界灘や、城内のお濠や市内のいたるところに流れる用水路。古くからある池や川。水面は、光を吸い込み、反射して町を輝かせる。松林に降り注ぐ木漏れ日。誰にも教えたくない海。歴史ある建造物。誰かの祈り。光は青空に力強く描かれた四季の色や、ていねいに焼かれた陶磁器までもうつくしく浮かび上がらせる。『みる』時間と、『みつめる』想いが、佐賀の旅を、より一層引き立てる。

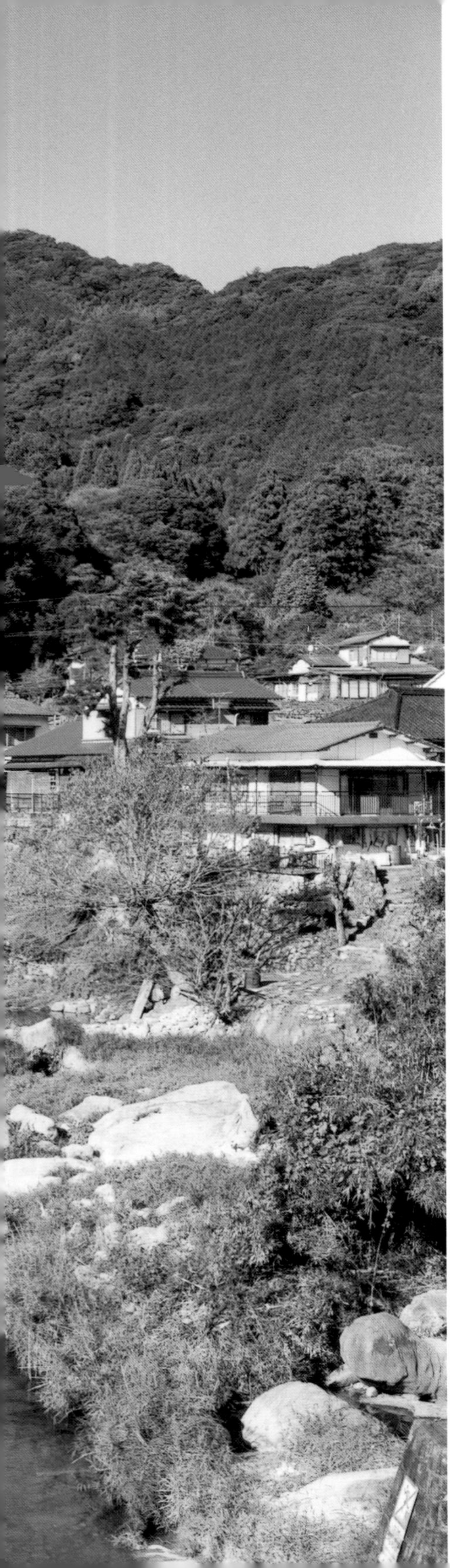

日本の、どの地域とも違う山の色に、佐賀らしさをみた。

沖之神

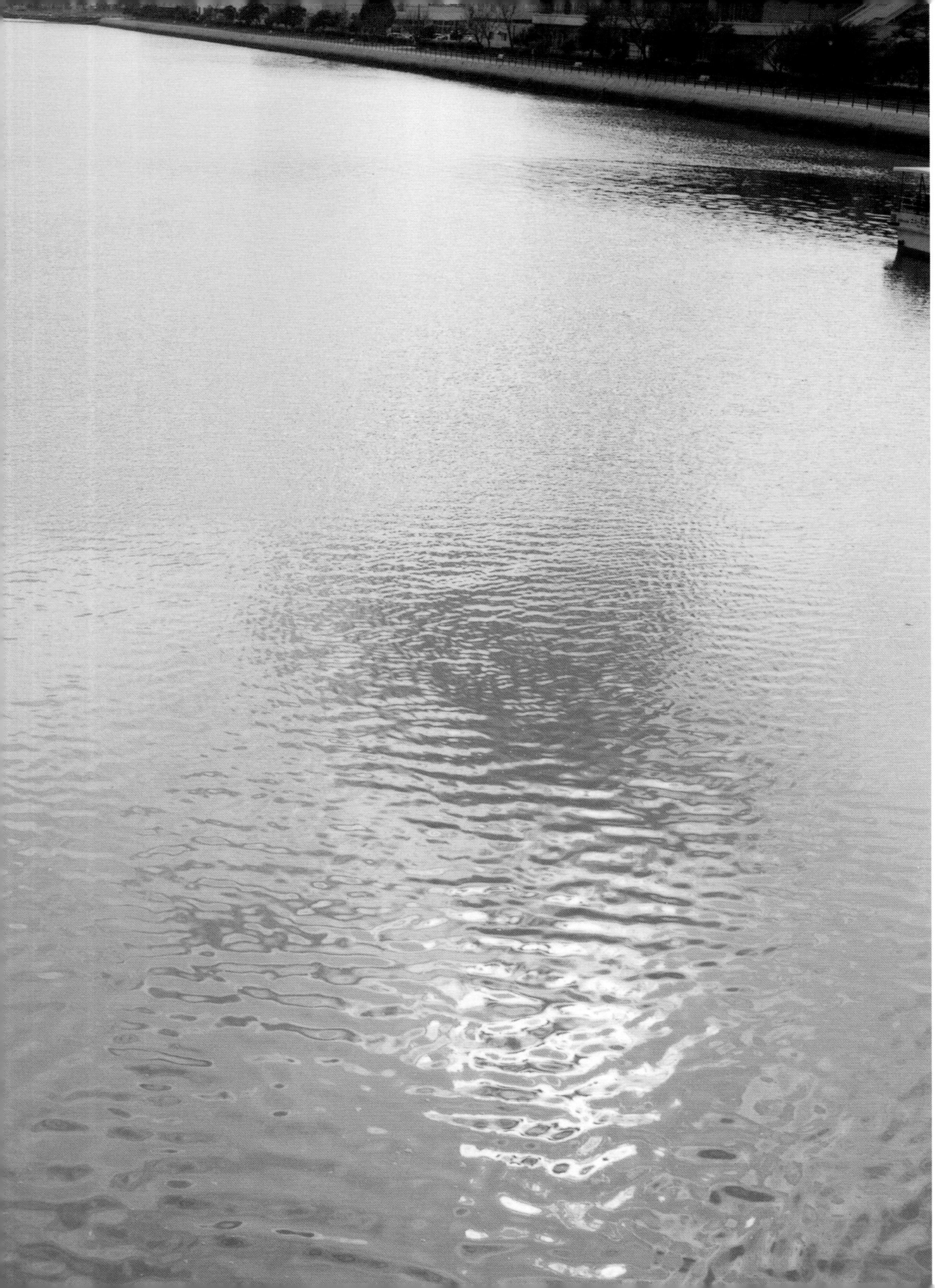

暮らしと、海や川との距離感がちょうどいい。
晴れも曇りも、町を輝かせる。

ATHLETA

名前のない景色をみつめる時間は、なんて贅沢なんだろう。

春慶屋
車通行禁止

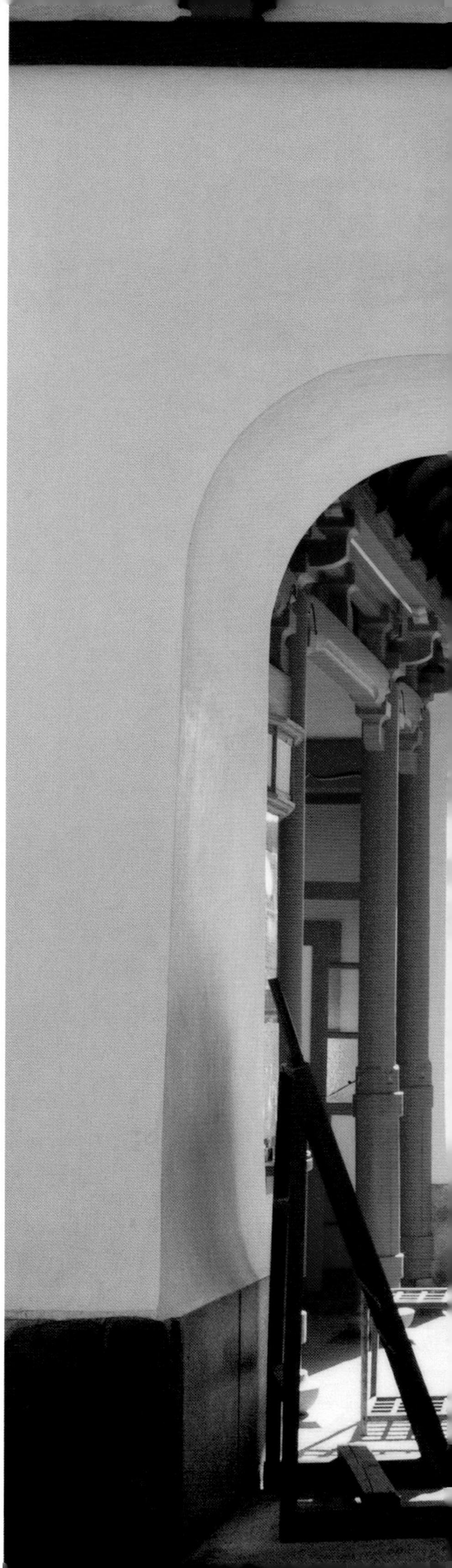

観光地として有名な『武雄温泉楼門』を中から覗けば、
温泉街の、いつもと変わらないのどかな日常が。

健康けが

「山王さん」と呼ばれ親しまれる仁比山神社。
いろいろなお猿さんのお話を聞かせてもらった。

奉納
西名
京町恵
東札の
5%還元

武雄神社の本殿裏のうつくしい竹林を抜けると、
樹齢3000年の大楠が姿をみせる。

獨坐大雄峰

肥前七浦駅
HIZEN NANAURA
ご案内
乗車券は車内でお買いもとめください又は下車
された駅でお払いください

長崎街道
長崎
小倉

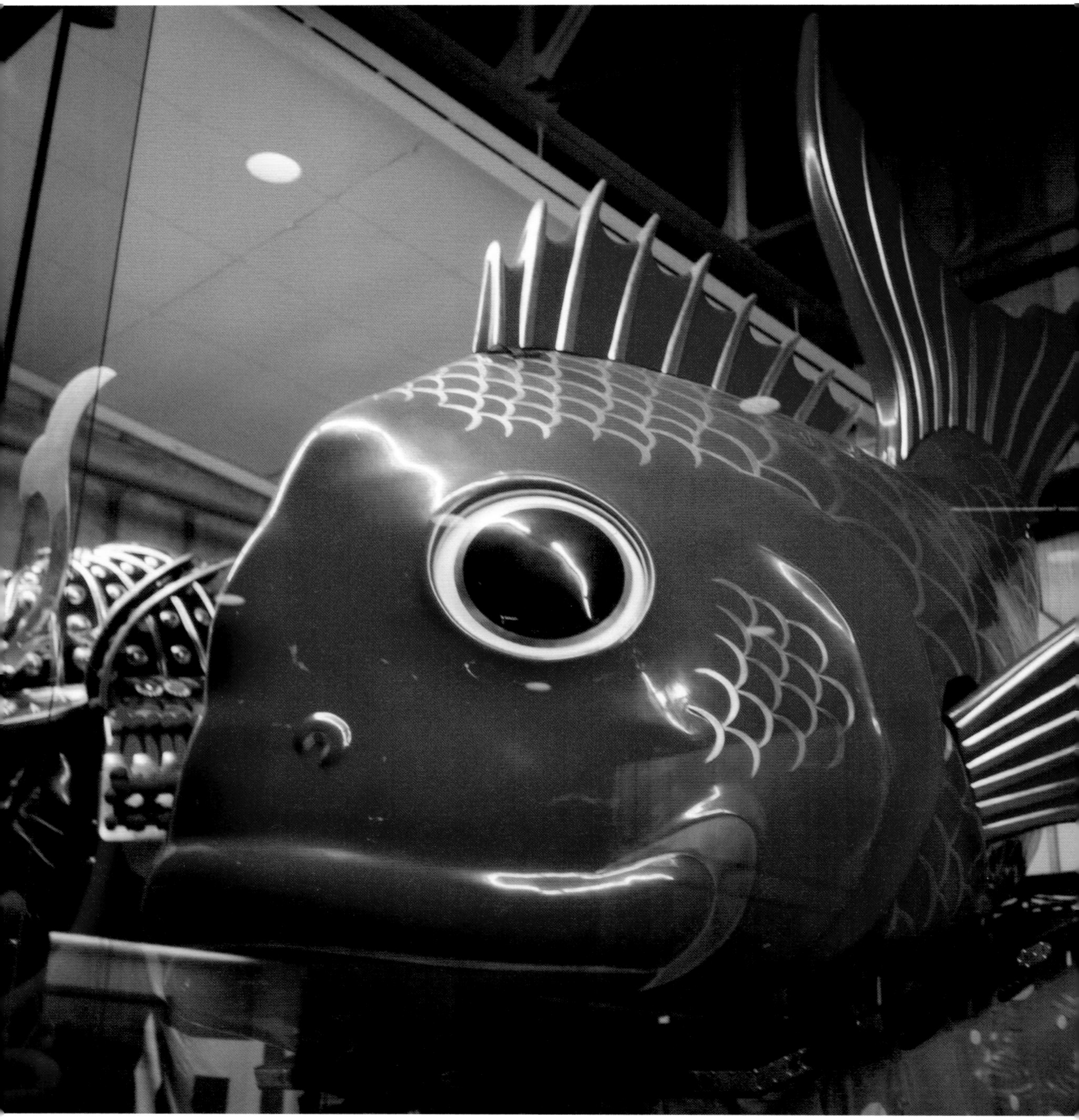

佐賀の思い出を旅する

佐賀で生まれ育ち、今では国内外問わず活躍する様々なジャンルのクリエイターたちに、それぞれの視点で『さが』の『ここちよさ』を探す旅へ出てもらった。縁のある場所や人、思い出の場所。ここで紹介する旅先は、決して有名な場所ではないかもしれないけれど、誰かにとって“ここちのいい”旅の思い出は、きっと私たちを、自分らしい旅へと導いてくれる。

01

寺内ユミ

デザイナー

Yumi Terauchi

自分の原点に戻れる海がある

気持ちの良い空間や、上質な暮らしのためのプロダクトを生み出すデザイナーの寺内ユミさんは唐津出身。3.11以降、働き方を考えるようになった彼女は、東京に拠点を置きながらも定期的に帰郷し、故郷の唐津で過ごす時間を大切にしているという。「今は東京と唐津、2拠点での生活は可能なのか、自分の中でテストをしているところです。プロダクトデザインや空間デザインの仕事の経験が、生まれ育った唐津という地域に生かせるかを試してみたい」。郷里を離れてから時間が経ち、かつては目に映らなかった景色があったと気づく。寺内さんは唐津の魅力を改めて知っていくために、2ヶ月に1度唐津を訪れ、2拠点生活を続けようとしている。

唐津に帰ってきて、何をして過ごすのか。その答えが『西の浜』にあるのだという。西の浜は玄界灘の島々を臨む景観の良いビーチだ。正式には『西の浜海水浴場』という名所だが、寺内さんをはじめ、地元の方々からは『西の浜』の愛称で親しまれている。

『西の浜』へ散歩に出かける行為は、寺内さんの楽しみであり、自分と向き合う大切な時間。このビーチは寺内さんの自宅から歩いて行ける距離にあり、遊び場というよりもリラックスするためにぴったりの場所なのだという。唐津の中心からはほど近く、ビーチからは唐津城がすぐそばに見える。サーフィンや花火、バーベキューなどは禁止されているため、とても静かできれいな砂浜が広がっている。それほど大きくはないものの、人が多くないため、見た目よりも広い。唐津の繁華街からすぐそこにあるような近さなのに、背後には松林が生い茂っているため自然を強く感じられる。湘南のような広大で賑やかな海とは異なる、静かな時間が流れている場所。『お出かけ用』のがんばっていく海ではなく、まるで居心地のいい部屋のように『帰ってきたくなる』海だ。

「『私だけの海』だって思えるような、プライベート感のある場所」。寺内さんは、松林を背にしたこのうつくしい海をそう表現する。訪れるたび、自分の原点に立ち返れる大事な場所。小学生の頃、浮き輪を持ち、水着のままはじめて両親に連れられてきた時の光景がありありと思い出される。

まっすぐに穏やかな海と向き合いながら「誰もいないのがもったいないなあ」とこぼした寺内さんは、ちょっと嬉しそうな表情だった。

西の浜海水浴場

誰だって『私だけの海』だと感じることができる不思議な魅力の砂浜。近くには猫が横切る路地や、歴史を感じる建造物なども並ぶので、唐津の旅の、朝の散歩にうってつけだ。

場所：佐賀県唐津市西の浜
問い合わせ：0955-72-4963(唐津駅総合観光案内所)

寺内ユミ（デザイナー）

1967年佐賀県生まれ。インテリアデザインオフィス、インテリアショップの企画を経て1998年に独立。生活雑貨およびインテリア専門店を中心としたクリエイティブディレクション業務に従事。MD・VMD・スペースデザイン・プロダクトデザインまで、アイデンティティ確立のための一貫的かつ多面的なクリエイティブワークを得意とする。2008年にはジャパン・クオリティをテーマとしたプロダクトを発表。気持ちの良い空間、上質な暮らしにふさわしいプロダクトを、グローバルな視点で提案している。GOOD DESIGN AWARD、RED DOT DESIGN AWARDなどを受賞。

02

倉成英俊
クリエイティブディレクター
Hidetoshi Kuranari

思い出の場所で出会ったいい時間

佐賀出身のクリエイティブディレクター倉成英俊さんに連れられ向かったのは名勝『虹の松原』。この松原はおおよそ400年前に、当時の唐津藩主だった寺沢志摩守が防風林として整備したもの。唐津湾の海岸に沿って幅400〜700m、全長約4.5kmもの松原が続く。風に吹かれた松の枝がさらさらと揺れ、唐津湾の潮の香りに包まれる『涼』を感じられる。

絶景を目当てに県内外から観光客が訪れるが、倉成さんにとっては、植物の研究を仕事にしていた父とともに植物採集をして過ごした思い出の場所だ。「夏休みの植物採集は恒例行事のようなものだったんです。さあ、今年は何を研究しようって」。植物と一口に言っても、その生態はさまざま。海の近くでしか見ることができない植物がこの松原にはたくさん生息している。若き日の倉成さんはこの砂浜から10種類ほどの植物を採集、標本を製作したそう。

倉成さんには、松原にまつわる忘れられない二つのエピソードがある。その一つが、豊臣秀吉の『睨み松』の言い伝えだ。朝鮮出兵の際、松原を通った秀吉が、松を睨んだところ、その松がぐにゃっと曲がった。そう教わった倉成さんは子どもながらに秀吉のすごさを感じたのだという。また、この地域では、毎月1日と15日に松林の木から枝を切り取り、神棚に上げているため、一帯の松の背丈が低くなり、それを後から「秀吉が睨んだ」とした説もある。真相は謎に包まれているが、そのミステリアスなところもおもしろいと倉成さんは話す。

もう一つのエピソードが船の上でのイルカとの出会いだ。植物採集のために湊町の沖およそ1kmに位置する神集島《かしわじま》を訪れた際、船上で数百頭とも思えるほどのイルカの群れに遭遇した。「イルカたちが映画のワンシーンのように船に並走してくれて、手が届きそうな距離で見られたんです。船から離れた後も、ぴょんぴょんと飛びながら、泳いで行った光景が忘れられません」。

夏の虹の松原は太陽の光が木漏れ日となって降り注ぎ、潮の匂いをはらんだ風が頬を撫でる。海が近いのを感じる。ふと、海に抱かれるような気がした。ここは夏場でも比較的、涼しい。大人になって再訪した松原では、小さなころに見た『睨み松』を見つけることはできなかったけれど、僕たちは、思いがけない『いい時間』に出会うことができた。

虹の松原

日本三大松原の一つ。有名な景勝地でありながら、唐津の暮らしに自然と溶け込んだうつくしい風景。遠くから眺める松原もいいけれど、松の木の間を歩くのもまた、風情がある。

場所：佐賀県唐津市鏡
問い合わせ：0955-72-4963（唐津駅総合観光案内所）

倉成英俊（クリエイティブディレクター）

電通Bチームリーダー／
アクティブラーニングこんなのどうだろう研究所所長
1975年佐賀県佐賀市生まれ。自称21世紀のブラブラ社員。気の合う人々と新しい何かを生むことを目指し、公／私／大／小／官／民 関係なく活動中。主な仕事に、Japan APEC 2010や東京モーターショー2011、IMF／世界銀行総会2012総合プロデュース、有田焼創業400年クリエイティブアドバイザー、他。グッドデザイン賞、NYADC賞、カンヌ広告祭他受賞多数。バルセロナのMarti Guixeより日本人初のex-designerに認定される。

03

吉岡徳仁

デザイナー

Tokujin Yoshioka

創作の原点は遊び場だった

　佐賀県庁から西へ車で約５分。とても小さな神社に辿り着いた。この『本庄神社』こそ、世界を舞台に活躍するデザイナー吉岡徳仁さんの記憶に残る思い出の地だ。初代天皇である神武天皇の祖母にあたる『豊玉姫』を祭神とするこの神社は５６３年に建立された。約１５００年の歴史を持つこの神社には、佐賀県の重要文化財がある。それが神社の入り口に立つ肥前鳥居だ。慶長８年（西暦１６０３年）と刻まれた荘厳な石の鳥居を抜けると、すぐに石造りの橋に出会う。幼少期の吉岡さんは、この橋の下にあるお堀へ、釣りをするために足を運んでいたという。

　石橋を渡って門をくぐる。見上げると、そこには木彫の猿が２体。今にも動き出しそうな見事な手仕事は、当時名匠とされた多久田の番匠の作。猿の手足には継ぎ足しの跡があり、悠久の時を感じさせる。さらに奥へと足を進めると、そこには樹齢６００年の大楠が待っていた。「この木に登ってよく遊んでいたんですよ」。幹から枝が大きくせり出した姿は実に迫力がある。この境内には樹齢６００年のものを含む五本の楠があり、佐賀県の保存樹にも指定されている。幼き日の吉岡少年は、その中の一つ、大黒さまがたもとにある楠がお気に入りだった。

　この本庄神社の近くに、もう一つ、吉岡さんゆかりの場所がある。それが地蔵川の土手だ。「何の変哲もない」という形容詞がぴったりな、ごくありふれた土手の景色。久しぶりに訪れてみると、河川工事が進んでおり、ずいぶんと様子が変わってしまったようだった。「昔、この土手でフナなどの魚を手づかみで捕まえていたもんです」。吉岡さんの頭に幼き日の記憶が浮かび上がる。しばらくすると、野鳥のさえずりが聞こえてきた。川に目をやると、広がった水面は大きな鏡のようで、空と雲、太陽をはっきりと映し出す。市内の中心地でありながら何故だかとても遠くまで来たような気がした。

　長い歴史を積み重ねてきた小さな神社に、どこにでもあるような土手の景色に、吉岡さんの創作の原点を見た気がした。「今はここで誰も遊ばないだろうな」。吉岡さんの口から零れる。子どもたちがこの場所で木登りをし、釣りをして遊ぶ。かつて存在していた光景を思い浮かべると、目の前のなんてことない景色が愛おしく見えてくる。他の誰かにとっては何でもないような場所も、ある人にとっては、忘れることのできない大切な思い出の場所なのかも知れない。

本庄神社

一見、何の変哲もない場所や景色も、誰かの思い出が加わることですてきな旅の行き先になる。何を見るか、ではなく、どう見るかが、旅の醍醐味だと感じさせてくれる場所。

場所：佐賀市本庄町大字本庄1156
問い合わせ：0952-24-5904

吉岡徳仁（デザイナー）

1967年佐賀県生まれ。1986年桑沢デザイン研究所卒業。倉俣史朗、三宅一生のもとでデザインを学び、2000年吉岡徳仁デザイン事務所を設立。 デザインからアート、建築まで、幅広い領域において、実験的で革新的なクリエーションは世界で高く評価されている。 ISSEY MIYAKEの空間デザインをはじめ、SWAROVSKI、Cartier、Hermès、LEXUS、TOYOTA、NTTなどのプロジェクトを手がける。国際的なデザイン賞を多数受賞。作品の数々は、ニューヨーク近代美術館、オルセー美術館、ポンピドゥーセンター等の世界の主要美術館で永久所蔵されている。アメリカNewsweek誌日本語版による「世界が尊敬する日本人100人」にも選出されている。

てざわり

触れて感じる
『さが』の文化と温もり

海の近くの居酒屋で、日本酒の注がれた陶器がよかった。肌触り、口当たりがおもしろい。少し甘い佐賀のお酒に、ワイルドな土の存在が重なる。唐津焼だと言う。まるで佐賀の大地に触れているようで、その『てざわり』に感動した。佐賀ではさまざまな『てざわり』に出会える。焼き物はもちろん、おもてなしの気持ちが表れた手しごとの数々。大事にされてきた自然の恵み。温故知新。古いものにも、新しいものにも、しっかりと土のようなやさしくて温もりのある『てざわり』が残っているのが、『さが』の『ここちよさ』の一つだ。まるで、触れたくなるような景色も、触れたくなるような人柄も。

旅のお土産には、佐賀の郷土玩具『尾崎人形』。
部屋に飾れば、いつでも佐賀の旅を思い出せる。

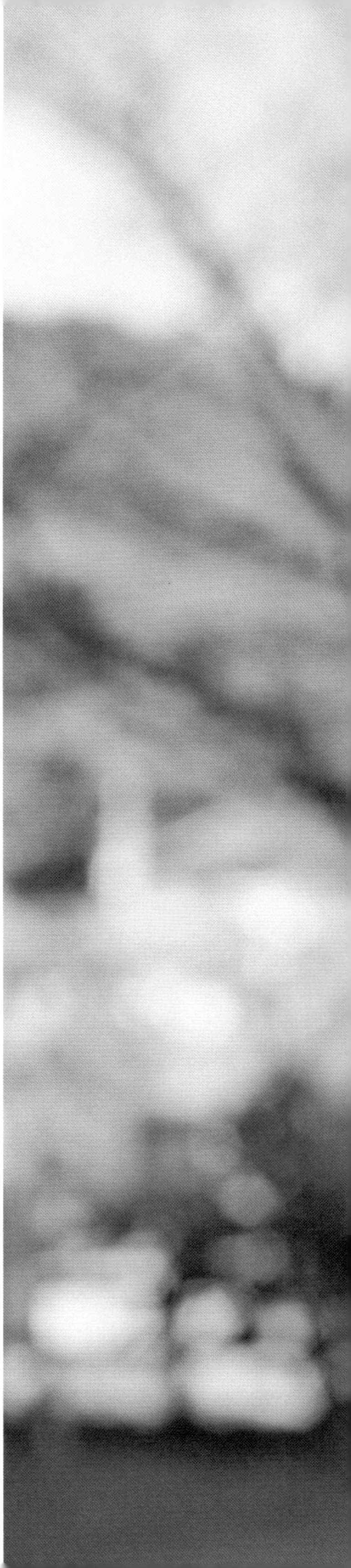

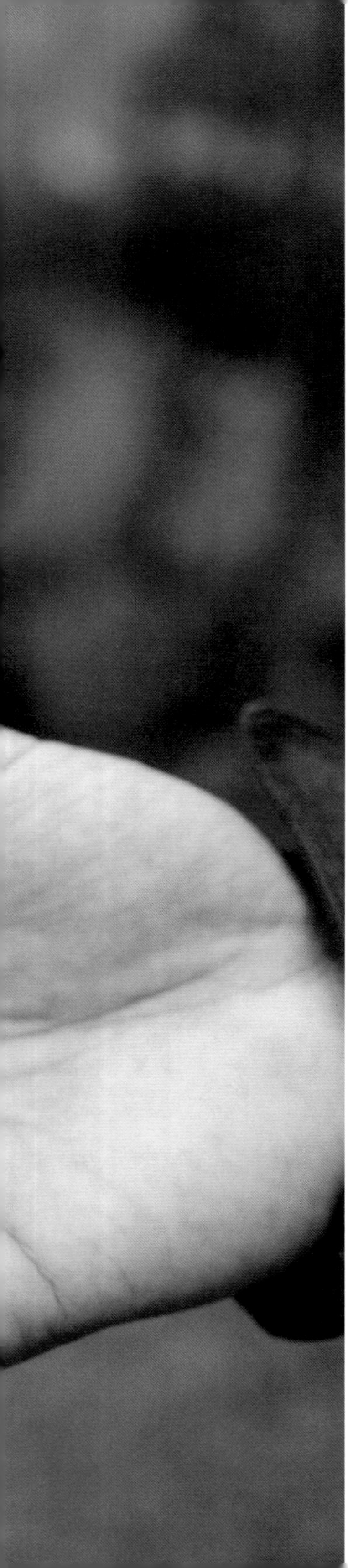

作品に触れれば作り手の思いが伝わってくる。
肥前吉田焼・宮崎泰裕さんの作品からは大地のてざわりを感じた。

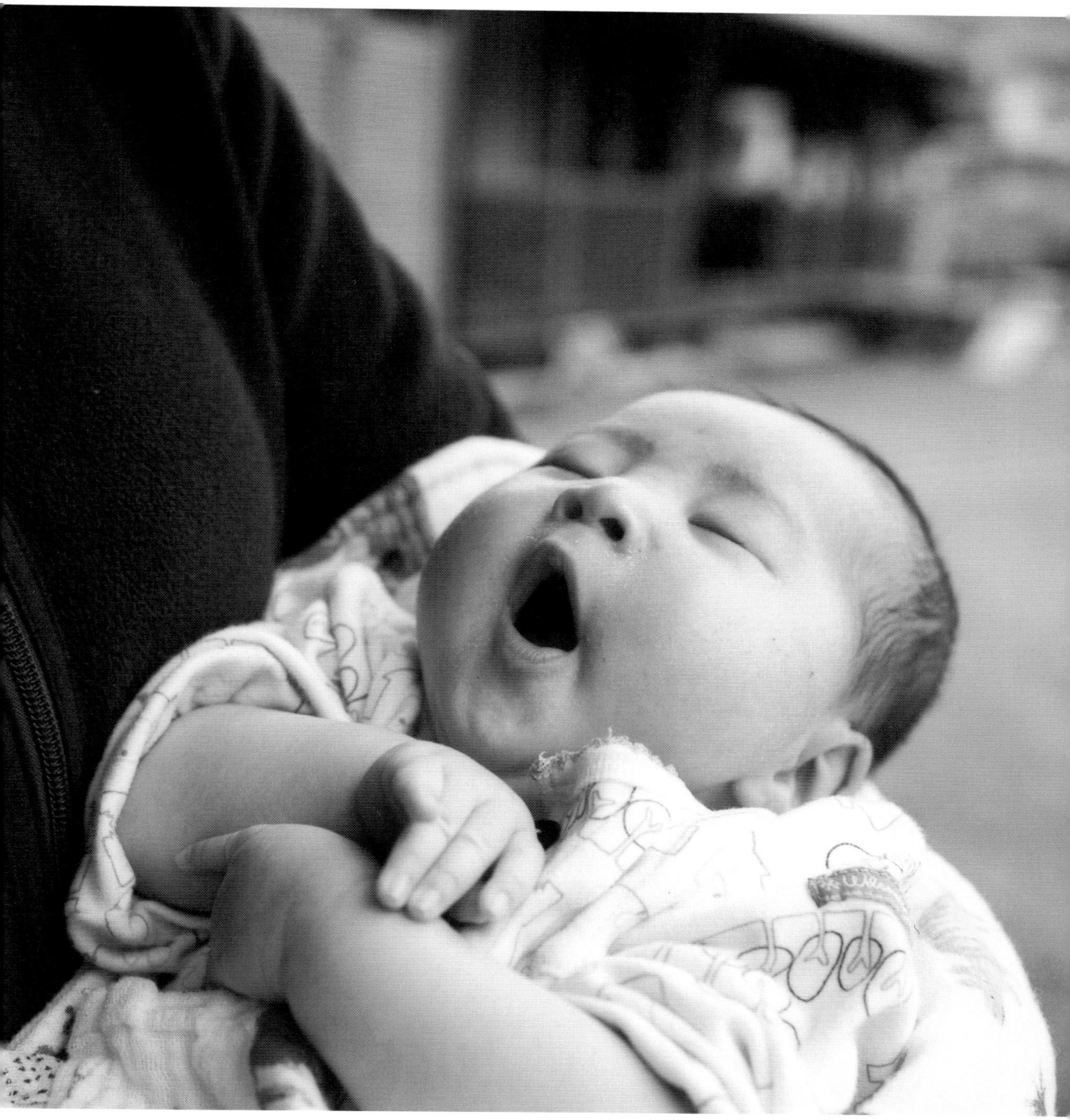

有田の町に開かれたアトリエを構え、
新たな挑戦をし続ける『器とデザイン』の宮崎雄太さん。

唐津一の大きさを誇る登り窯と、その文化を次世代へ
つなげる若き陶芸家・中野政之さんに出会った。

世代を超えてつなぐ文化

鎌倉時代中期、神埼市に伝わった尾崎人形は、佐賀県にある陶磁器の中で最も歴史的に古く伝統を残している。２００９年に一度は途絶えた尾崎人形を、62歳で一人継承した高柳政廣さん。父が焼き物を作っていたこともあり、高柳さんが手伝うようになった。「あんまり儲からんし」と言いつつも、高柳さんや尾崎人形を取り巻く状況は変わりつつある。「作者に会いたい」と、遠方の人が高柳さんを訪ねて来るようになった。外国の方も工房を訪れる。東京や大阪での催しにも参加する。「認めてもらったっていう感じがして、やっぱり嬉しかですね」と高柳さん。尾崎人形の素朴さと温かさは、見る人をやさしい気持ちにし、場の空気を柔らかいものに変える。尾崎人形は、高柳さんの人柄を感じずにはいられない、どこか懐かしくて、愛おしい不思議な魅力を湛えている。

　その唯一の製作者、高柳さんを支える若者がいる。佐賀市内唐人町にある『佐賀一品堂』の店主・城島正樹さんだ。すばらしい伝統工芸が途絶えようとし

ている現状を何とかしたいと思い、店先で伝統工芸品を展示・販売している。そして現在では、尾崎地区に住み、高柳さんから尾崎人形の技術を学んでいる（尾崎地区に住まないと尾崎人形は継げない）。言わば尾崎人形の唯一の後継者候補だ。

本来、尾崎人形は、子どもの健康を願うお守りだった。土が持つ虫下しの効用を、子どもが笛を吹くことで取り込めるように土笛の形にしたという。「そういうことを知るだけでも、見方が変わってきます」と城島さん。今では高柳さんと二人三脚で、全国に作品を卸したり、県内外でワークショップも開催している。

お土産に、尾崎人形を一つ買って帰ると、大いによろこばれた。

尾崎人形工房

一つひとつ、手しごとで絵付けされた尾崎人形は、同じ型でも、表情が少しだけ違う。佐賀の県鳥『カチガラス』、その他にもそれぞれの干支など、きっとお気に入りの尾崎人形に出会えるはず。

場所：佐賀県神埼市神埼町尾崎546
営業時間：事前にお問い合わせください
見学：3日前までの電話予約で可
問い合わせ：0952-53-0091

旅の途中で出会った、さがごこち。

目的は決めず、誘われるがままに足を運ぶ。そんな贅沢な佐賀の旅をしていると、さまざまな人たちとのふれあいが生まれた。町で出会った人に「こんにちは」と声をかければ、次の目的地が決まった。お店では、隣に座ったお客さんが、佐賀のその土地にしかない名物を教えてくれた。『さがごこち』の正体は、人との出会いの中にある。また会いたい。「ただいま」「おかえり」と言って笑い合える旅はなんて贅沢なのだろう。

伝統と技を、次の世代へ

人との出会いは連鎖する。「会わせたい人がいる」と、紹介してもらったのは、創業90年を超える嬉野の理髪店『IWAMURA TOKOYA』の後継の岩村敏将さん。「嬉野に文化交流の場を」と、自らの手で、従来の『理髪店』という概念に捉われない、アメリカンで都会的なバーバーの要素を取り入れたお店に生まれ変わらせた。お店には敏将さんの『想い』がたくさん詰まっている。いまだ現役のご両親への敬意や、親の代から通う常連客へおもてなしの気持ちも、ちゃんと忘れていない。今では、世代を超えて老若男女が交流する、地元の魅力の発信基地になっている。

IWAMURA TOKOYA

場所：佐賀県嬉野市嬉野町大字下宿乙2180-1
営業時間：9:00～20:00
定休日：月・第1火・第3日
問い合わせ：0954-43-0578

なくしたくない風景

唐津の町を歩いていたら、かわいらしい銭湯に出会った。店先をきれいに掃除する女性と目が合った。聞けば、佐賀で唯一の銭湯『恵びす湯』をずっと受け継いでいるという。中を見せてもらうと、ピカピカに磨かれた清潔感漂う浴室が。銭湯ファンが全国から集まってきているというのも納得だ。娘さんが降りてきて、立ち話。唐津のいいところをたくさん教えてもらった。

その中の一つに、ゲストハウス『鳩麦荘』がある。オーナーの中島さんは、『恵びす湯』を応援したいと一念発起し、福岡の会社を辞め、地元唐津へUターン。空き家を改装し２０１７年に鳩麦荘を立ち上げ、国内外から訪れる多くの宿泊客に、『恵びす湯』の魅力をはじめ、ガイドブックには載っていない唐津の魅力を伝えている。唐津の旅のコンシェルジュ的存在だ。

なくしたくない風景が、人の心を強く動かす。

恵びす湯

場所：佐賀県唐津市大石町2532
営業時間：17:00～20:30
定休日：日
入浴料：280円+50円（洗髪料）
問い合わせ：0955-72-4761

唐津ゲストハウス鳩麦荘

場所：佐賀県唐津市町田5丁目1-1
問い合わせ：0955-80-0597

伝統を輝かせる

400年以上の歴史を持つ陶磁器の町・有田町で、暮らしを贅沢に彩るセレクトショップ『bowl』（ボウル）に立ち寄った。店内には、ディレクターでバイヤーの高塚さんが国内外でセレクトした雑貨や日用品の数々が集まり、佐賀の名産品と肩を揃えて並ぶ。なんでも受け入れる器のような存在になりたいという『bowl』は、今日も観光客や有田に暮らす人たちを楽しませている。

bowl

場所：佐賀県西松浦郡有田町本町丙1054
営業時間：12:00〜18:00
定休日：水
問い合わせ：080-7983-5733

守りたい佐賀の味

佐賀市内の中心街を流れる十軒堀川の横に佇むモダンな洋館を覗くと、歴史の香りがした。明治30年から続く『佐星醤油』の店内は資料館にもなっていて、四代目社長の吉村誠さんが、楽しそうに『佐星醤油』の歴史を語ってくれる。佐賀の味に惚れ込んだ観光客は、この店に立ち寄り、醤油をお土産に買っていくという。時代も世代も超えて、受け継がれる伝統と革新の味は、ずっと守りたい佐賀の味だ。

佐星醤油

場所：佐賀県佐賀市唐人1-1-16
営業時間：9:00〜18:00
定休日：土・日・祝
問い合わせ：0952-23-4624

かおり

『さがのかおり』に 導かれるままに

海のかおり、山の、自然の、季節のかおり。いろいろな町にただようその地域特有のかおり。そのどれもが個性的だけれど、佐賀にただようかおりは少し違う。磯の匂いも、花も、茶葉も、ソースのかおりも、町の喫茶店のコーヒーだって。少し丸く、角が取れたような感じ。醤油だってほら、ほんのり甘い。うつくしい景色に見惚れるあまり、注意をしないと、気づかないほど、『さがのかおり』は、さりげなく、上品に、日常にただよっている。例えば嬉野が賑わう新茶の季節。その旬のかおりに誘われるがままに、旅の予定を変えてしまうのも悪くはない。

太良町名物『コハダ』。酢で締めるのが一般的だが
太良の新鮮なコハダは刺身がオススメだ。

奉納
奉納
御神前

日本一の干潟を持つ有明海。ぼーっと見つめていると、
泥の中からムツゴロウが飛び跳ねた。

有明海の干満差が育む海苔。
漁港は漁師たちの笑顔と磯のかおりに包まれた。

香り立つコーヒーは鮮度が大切なんだ

佐賀には、生き方や姿勢が渋くてカッコいい人が多い。そう思えるようになったきっかけは、『こうひいや竹嶋』。店を営むのは、竹嶋さんご夫妻。この店に来る常連のほとんどは、コーヒーを飲みに来るのと同じくらいか、きっとそれ以上に、この夫婦に会って話をするために来店している。煙草の煙が充満する店内では学生も、大学教授も、サラリーマンも、近所のおばあさんも、みんな同等にコーヒーの香りで癒されてきた。会うと毎回「もう歳だし、いよいよ喫茶をやめようと思う」と話し出す。でも、みんな、辞めさせてくれない。ずっと続けて欲しいと願う、思い出の店なのだ。

自家焙煎 こうひいや竹嶋

「焼きたて・挽きたて・入れたてが一番。刺身と一緒で鮮度が大切」と話す竹嶋さん。ずっと守りたい佐賀の『かおり』がここにはある。

場所：佐賀市白山1-3-31
営業時間：9:00〜19:00
定休日：火・水・金・日
*自家焙煎した珈琲豆の販売は定休日でも対応可。事前にお問い合わせください。
問い合わせ：0952-29-6494

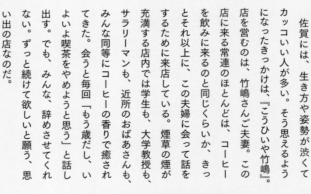

好きな香りに囲まれて

カフェ『FINDER』の店主の平片康一朗さんは、佐賀出身のカメラマン。2010年にこのカフェをオープンした。カウンターに座ると、風格を纏ったカメラが目に入る。オーダーをすると、平片さんは微笑みを交えながら、時間をかけて1枚の写真を撮るように1杯のコーヒーを丁寧に抽出していく。このカフェは、ギャラリーとフィルムの現像や焼き付けのための暗室を備え、フィルムカメラを使っている人も訪れる。店内には、ボブ・ディランの音楽とコーヒーの香りが静かに漂う。注いだ時間と込めた思いが、価値を高め、大切な1枚を育んでいく。そう思うと、久しぶりにフィルムカメラで写真を撮りたくなった。

FINDER

ＪＲ佐賀駅と佐賀市の中心商店街を結ぶ唐人町の通り沿いに。

場所：佐賀県佐賀市唐人1-5-40
営業時間：12:00～21:00
日・祝 12:00～18:30
定休日：水
*撮影業務等にて店舗closeする場合あり
問い合わせ：0952-22-6911

歴史が香る
嬉野のおもてなし

佐賀の南西部に位置し、温泉街として賑わいをみせる嬉野は、５００年以上の歴史を持つお茶の産地としても有名だ。緩やかな盆地の山あいにはたくさんの茶畑が並び、高台から見る緑の階段はとにかくうつくしく、眺めているだけで心地がいい。新茶の出まわる春、早起きして茶畑へと向かえば、深い霧に包まれた幻想的な茶畑の風景に出会える時がある。朝焼けの中、瑞々しい空気をいっぱいに吸い込めば、体も気持ちも目覚める。朝露が茶葉をなで新芽を育み、燦々と降り注ぐ太陽の光が、香りや味を濃くしていく。自然が作り出すこの山あいの昼夜の気温差が、『うれしの茶』の味をまろやかにし、コクを生み出す。

　飲む人の嗜好に合わせるため、地域内外の茶園のお茶をブレンドする技術も、嬉野では進んでいる。茶葉の特性を見極め、五感を研ぎ澄まし、味や香りに個性を見出していく作業はまさに匠の技。お茶は香りを楽しむものだということを改めて思い出させてくれる。

嬉野温泉では旅館はもちろん、いたるところで『うれしの茶』の個性を味わい、楽しむことができる。ゆっくり時間をかけて淹れられる、香り高い1杯のお茶に、嬉野の人たちの『おもてなし』の気持ちが、包まれている。

嬉野の町を歩いていると、人懐っこい猫に出会った（嬉野には猫が多い）。まるで猫に案内されるかのように向かった先は『だるま商店』。かつては嬉野茶を扱う土産屋としてだけではなく、嬉野の子どもたちが集まるおもちゃ屋としても賑わっていた。笑顔で明るく迎えてくれたお母さんは、嬉野のお茶の歴史や、茶摘みを手伝っていた頃の思い出を、当時の写真を見せながら楽しそうに話してくれた。

だるま商店

嬉野の町には、まだまだ個人で経営するお店がたくさん残っている。八百屋や魚屋、床屋。旅先でも、その一つひとつを大切にしたいと思える。

場所：佐賀県嬉野市嬉野町大字下宿乙920
問い合わせ：0954-42-0265

PRO400H
FUJI
119

おいしい

『さがらしさ』を決める
ありのままの素材

『さがのおいしさ』の秘訣は素材の豊かさに尽きると言える。それが郷土に根付いた新旧のレシピを支え、佐賀全土の『おいしさ』を決めている。佐賀の肥沃な地で育った野菜は言うまでもなく、厳しい格付けでクオリティをキープする佐賀牛の存在や、有明海で育った芳醇な香りの海苔、玄界灘の鮮度抜群の『呼子のいか』をはじめとする魚介など、その土地の素材が、豊かな自然を吸い込んで活き活きとしている。温泉の成分で角がとろける『温泉湯豆腐』などの名物も捨てがたいが、町の人たちから日常的に愛されている定食屋やラーメン屋、居酒屋もまたいい。佐賀の日常は、いつだって「がばいうまい」のだ。

湯気、油が跳ねる音、におい、温度、味。
最高の餃子は五感で仕上がる。

全て手作りです
全て手作りです
焼ぎょうざ 500円
水ぎょうざ 500円
缶ビール 400円
〈お持ち帰り〉
冷凍焼ぎょうざ
冷凍水ぎょうざ

ロース
カルビ 800
塩焼
いか 600
スナズリ 450
お好み
ミックス
豚肉 600
えび 650
いか 600
酎ハイ
ライム
レモン
オレンジ
400

FUJI 10 PRO400H EFDCAB 145 11 PRO400H EFDCAB FUJI 12 PRO400H EFDCAB 145 13 PRO400H EFDCAB FUJI
EFDCAB 145 15 PRO400H EFDCAB FUJI 16. PRO400H EFDCAB 145 17 PRO400H EFDCAB FUJI 18 PRO400H EFDCAB

FUJI
PRO400H
145
EFDCAB
EFDCAB-AEGE

笑い声に囲まれながら、金色に輝くつゆを飲み干す。
この旅で一番おいしい思い出。

嬉野の名店『勝っちゃん』。温泉みたいに
体と心に染み渡る、あたたかな料理とおもてなし。

ふたり展
平山順一
平田菜生
KEY COFFEE
5%還元
佐賀市プレミアム付
なないろバルーン商品券
令和2年 3月31日まで使えます
参加店
WELCOME

学生たちが語り継ぐ老舗のカフェ。
佐賀のソウルフード『シシリアンライス』。

400年続く有田の窯元で生まれ育った古川さんは
作陶するようにパンをこね、焼き上げる。

行動派が育む佐賀の味覚

佐賀県の最南端、太良町へと向かう。独自の牡蠣養殖に取り組む『海男』代表の梅津聡さんを訪ねた。日焼けした明るい笑顔の梅津さんに挨拶したのもつかの間、数分後には漁船に乗り、あっという間に大海原へ。沖にある大きないかだ群の中の一つに船を着けた。垂下式養殖法といって、日本では一般的な方法だが、長い時間をかけゴツゴツした大きな牡蠣に成長させるという従来のやり方ではなく、小さな牡蠣を、我が子のようにていねいに育てるのが梅津流。旨味のある牡蠣ができるのだそうだ。生物多様性の面から重要度が見直され、多くの研究者や機関も再生を目指す有明海。ブランド力を高めた牡蠣づくりを進める梅津さんには、この有明海から日本の漁業を変えていきたいという目標がある。

梅津さんは「ここで必要なのは何億円もかけた大きな事業ではなく、小さな生き物が棲める、食物連鎖ができる環境を作っていくこと」と話す。「牡蠣は生態系の健全化に役立つ。安全で

おいしい牡蠣を多くの漁業者が作れれば、海の生き物も漁師たちも元気になる」と、梅津さんは各海の特性を生かした養殖法を考案。沖縄水産高校やさまざまな研究機関などともプロジェクトを立ち上げ、事業連携を行っている、まさに「行動派」の人だ。

太良でもさまざまなネットワークを駆使し、情報を発信。賛同者・協力者を増やしながら、業界の垣根を超えた取り組みを行っている。一つひとつの課題をクリアにし、大きな夢に一歩ずつ前進する梅津さんの牡蠣が、佐賀の食文化をさらに豊かにしていく。

海男 umiotoko Oyster

その干満差から、月の引力が見える町と言われる太良町。神秘の海でていねいに育まれた牡蠣は佐賀の味覚そのもの。オンラインショップでも海男のこだわりを感じることができます。

場所：佐賀県藤津郡太良町大字大浦丙977-1
定休日：土
問い合わせ：0954-68-3415

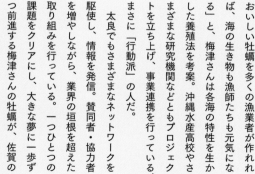

ミルン
特鮮牛乳
SINCE 1988
ミルン
のむ
ヨーグルト
はっ酵乳

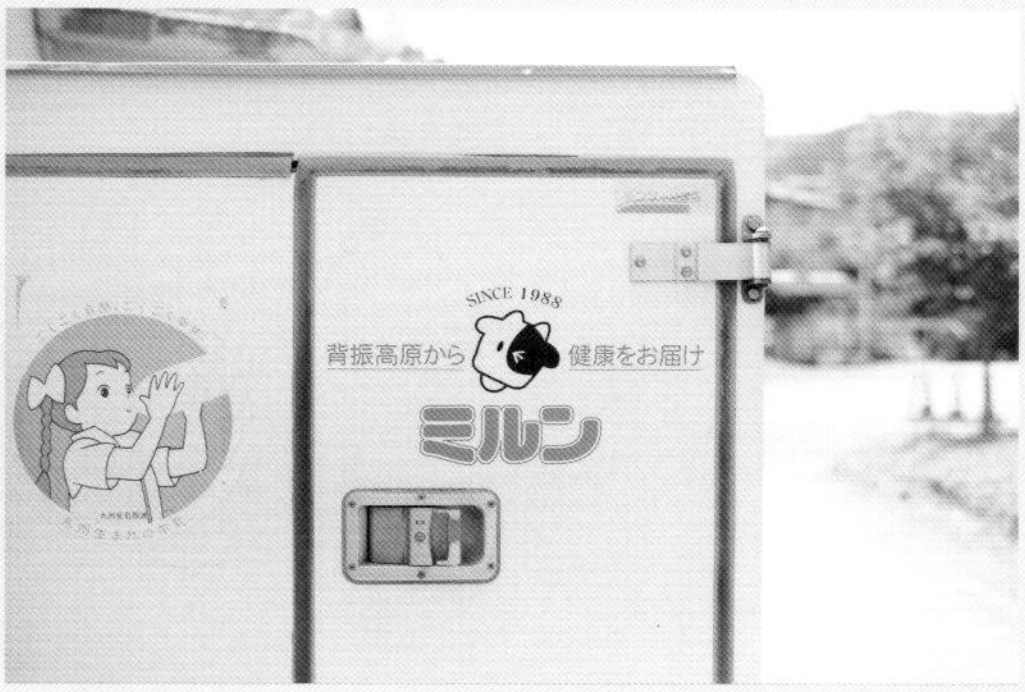

あたりまえのおいしさ気づける幸せ

「素材に勝る技術なし」と、横尾さんが丹精込めて育てた牛の生乳からは、チーズやヨーグルトも作られている。その品質の良さは県内外で知られるようになり『ななつ星 in 九州』の食材にも選ばれた。「原料の良さがあってこその『ものづくり』だと思っています」と横尾さん。牛と向き合い、経営と向き合い、試行錯誤しながら「いいものをつくる」という長年の仕事に加え、「いいものをのこす」という佐賀県全体の酪農についての社会的な活動も行っている。50年間、酪農一筋で奮闘し続けてもなお、酪農の未来を案じて使命感のもと活動している。

背振《せふり》高原の標高600m付近にある牧場。一面を見渡せる緩やかな傾斜のついた牛舎の中で、牛たちはのんびりと横たわったり干し草を食べたりと思い思いに過ごしている。うぐいすの鳴き声がこだまし、猫たちも外で自由に暮らす様子は、のどかな風景そのものだ。いい環境がいい牛乳になるのだ。

会社のある佐賀市内から40分かけて工場と牧場へ朝晩行き来している。休むことなく毎日2往復、距離にすると約100kmという苦労をものともせず、この土地で酪農を続けるのは、牛たちにとって過ごしやすい土地だから。横尾さんたちは、第一に牛のことを考え、人の健康のことを考え、毎日、妥協しない牛乳・乳製品をつくり続ける。愛情や苦労がたっぷりつまったものづくりの恩恵を受けられる私たちは幸せだと思う。食卓に牛乳や乳製品が並ぶ『あたりまえの日常』の影で尽力する人々のことを忘れずにいたい。

ミルン牧場

子どもの時からずっと口にしていたミルンの牛乳。
大人になっても「あの牛乳はおいしかもんね」とか「ドライブの時はよくソフトクリーム買いに寄るよ」と耳にすることが増えました。

場所：佐賀市鍋島町蛎久883
*その他、道の駅などで購入可
問い合わせ：0952-32-1777

こだわりと、挑戦で佐賀に新しいブランドを

パセリやセロリ、ミントなど、独特な香りや味を持つ野菜やハーブは、好き嫌いがはっきり分かれる。パクチーもまた然り。ただ、一度その個性に惹かれてしまえば、魅了される人は多い。武雄市の江口農園は、２０１４年からパクチーの栽培を始め、今では全国１００か所以上の飲食店などに直接卸している。全く未知の領域だったパクチーという野菜の地域ブランド化を目指し、武雄市と一緒に〝たけおパクチー〟という旗を揚げて、試行錯誤しながら開拓し続けてきた。「実は、最初はパクチーが好きではありませんでした」。そう語る江口さん。ただ、何か可能性を感じたという。パクチー好きの人を唸らせるくらいガツンと（風味が）くるパクチーを作ろうと「半年間で結果がでなかったらやめる」という条件付きで農家の父親からＧＯサインをもらったそうだ。原産地タイの種を使い、栽培でえぐみを少なくし、さらに、県外に送ることも考慮し根っこを深く張らせた丈夫なパクチー作り。

これが江口さんの『こだわり』。ハウスの中に一歩足を踏み入れると、ふかふかの土の中から、緑の葉っぱの間から、パクチーのスパイシーな香りがした。「今では、パクチーが大好きです」と江口さんは言った。自分の育てたパクチーがさまざまな料理にアレンジされ、食べる人の喜ぶ顔を直接見てきたからこそ生まれた実感だ。武雄市のブランド野菜の販路開拓と父の経営、そして江口さんの農業に対する理想と挑戦が「たけおパクチー」をさらにおいしくさせていく。

江口農園

農業が生業の江口さん。趣味も農業だと話す。農園の未来の話を話する時、いつも笑顔の江口さんの表情がキリッと引き締まるのが印象的でした。

場所：佐賀県武雄市北方町大字芦原244
問い合わせ：0954-36-3490

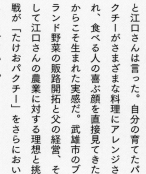

地元の食材で地元がよろこぶ料理を

イタリアンレストラン『イル ソリーゾ』のオーナーシェフ富永茂樹さんは佐賀で生まれ育った。高校卒業後、大阪の調理師専門学校で西洋料理を学んだ後、東京のレストラン勤務を経て、28歳で佐賀へ帰郷。現在の場所に店を開いて20年が過ぎた。「いずれ生まれ故郷の佐賀に戻ってくるつもりでした」と富永さん。「佐賀の空気が好き。佐賀は有明海も唐津の海もあって、食材が豊富ですね。ムツゴロウを赤ワインで煮たこともあります」。地元ならではの珍しい素材を調理することも楽しみの一つ。からすみや生ハムなど、あらゆる食材を手間ひまかけて一から自分で作ることも多い。最近は畑を借り、野菜作りにもチャレンジしている。素材を活かすイタリアンをベースに、佐賀の豊かな食材、人や場所を求めて、これからも開拓を続ける。

イル ソリーゾ IL SORRISO

時には愛用のカメラで写真を撮り、デザインをし、レシピ集も作る富永さん。「料理をうつくしく残したいから、うつくしい写真を撮りたい。料理を人に伝えたいから、冊子を作る」。

場所：佐賀県佐賀市中央本町2-22 222ビル3F
営業時間：
ランチ 11:30～14:00（土・日）
ディナー 18:00～22:00／予約制（木・金・土・日）
定休日：月・火・水
問い合わせ：0952-23-7790

人の和を大事に力を合わせて

有田と伊万里を結ぶ国道沿い、有田川のそばにある酒蔵『古伊万里酒造』４代目蔵元の前田くみ子さんを訪ねた。

昔、この辺りにはたくさんの炭鉱があって、酒の需要は高かった。そんな中、１９７１年、父である3代目蔵元は『清酒古伊万里』の販売を開始。従来の日本酒がそう苦労せずに売れていた時代だったが、くみ子さんが家業を担うころ、景気の低迷も重なって日本酒業界は苦境に立たされていた。「このままではいけない」と一念発起し、経理だけではなく酒造りにも関わりはじめた。蔵元や杜氏たちと試行錯誤しながら作ったお酒は、３年後に新酒鑑評会で金賞を受賞。２０１１年、くみ子さんは４代目蔵元になり、専務で夫の悟さんとともに夫婦で経営に携わっている。二人が目指すのは、日本中、世界中に、地元『佐賀』を誇れるお酒造りだ。

古伊万里酒造

佐賀は実は米どころ。くみ子さんたちが今、力を入れているのは、地元のお米をどう活用してお酒を造るかということ。これからの佐賀の日本酒文化の発展がますます楽しみだ。

場所：佐賀県伊万里市二里町中里甲3288-1
問い合わせ：0955-23-2516

心と体をあたためる お帰りかしわうどん

鳥栖駅は、明治時代の駅舎が今も使用され、軋むレールの金属音が静かに響く『旅情』を感じさせる駅。この駅のホームに、60年以上も愛され続けている立ち食いうどんの店『中央軒』がある。ホームには風味豊かな出汁の匂いが漂う。店員の中村さんは「列車に乗らんばいけんですね、1分以内には出すようにしてます」と笑顔で話す。

かしわうどんを注文した。まろやかな出汁に、柔らかめの麺。甘辛く炊かれたかしわが、さらに風味を豊かにする。

「久しぶりに食べたくなってね」と、途中下車して立ち寄る客がいる。部活帰りに通っていた高校生が、帰省の際に食べに来ることもあるとのこと。

世の中には数多のうどんがあるが、「やっぱりここに帰ってきたくなる」のだ。中央軒のかしわうどんは、消えることのないおいしさの記憶を残す、特別な1杯だ。

中央軒

ただひたすらおいしいに尽きる。ごちそうさまでした。

場所：鳥栖駅構内改札横、1・2・5・6ホーム

営業時間：
鳥栖駅改札口横（7:00〜19:00）
1・2ホーム（11:00〜18:00）
5・6ホーム（7:00〜21:00）
新鳥栖駅在来線改札横（7:00〜18:30）
定休日：年中無休
問い合わせ：0942-82-3166（鳥栖駅前本社）

好きと工夫が生んだ佐賀の新名物

街が眠りに向かい始めるころ、『よなよなあん工房』に明かりが灯る。ここは、ぜんざいなど、あんこを使った甘味を提供するお店。店主の岡垣貴憲さんの本業はデザイナーで、あんこ好きが高じて、２０１６年６月にこのお店を始めた。営業時間は決まっておらず、客は毎日のＳＮＳで開店時間を確認して来店する。甘さ控えめのぜんざいをはじめ、ヨーグルトパフェやじゃがバターとあんこの組み合わせ、あんこを使ったトーストなど、あんこのおいしさを再発見するような楽しいメニューも店の魅力。ここのあんこに魅せられ、あんこ好きが集まりだし、岡垣さんが創意工夫を重ねる。そして、さらにあんこ好きが集まる。まるで『あんこと夜を楽しむ』倶楽部活動のようにも思える。０時を過ぎても客足は絶えない。ここは、あんこへの惜しみない愛情と情熱で満ちている。

よなよなあん工房

SNSだけで告知されるその日の夜の営業時間をみんなで待ち侘びる。今夜も佐賀のあんこの夜が更けていく。

場所：佐賀県佐賀市赤松町6-11
営業時間：よなよなあん工房SNS（Facebook、Twitter など）にて告知
問い合わせ：電話非公開

04

庄山陽子
編集者
Yoko Shoyama

町の魅力が見えてくる
地元に愛される味

編集者としてさまざまな著書を手がける庄山陽子さんは温泉街・嬉野の出身。子どものころは、いたるところに湯けむりが立ちのぼり、街を歩けば、昼夜を問わず芸妓さんや浴衣姿の観光客とすれ違う。そんな賑やかな場所で18歳までを過ごした。

観光名所でもある商店街には名物の「温泉湯豆腐」や「嬉野茶」を出す店は多く、友人からオススメを聞かれれば、ぜひ行ってほしいと頭に浮かぶお店はいくつもある。しかし、自分自身が食べたくなるのは、じつのところ、名物よりも食べ慣れた味だったりする。庄山さんにとってのそれが『ふじ』のお好み焼きだ。嬉野の名物でも何でもないのだけれど、親戚の集まりなど「ちょっと特別な日」に食べるのは決まって『ふじ』のお好み焼きだった。出前の電話をかけると、大きなアルミのおかもちをぶら下げて、大量のお好み焼きを運んできてくれたのが懐かしい。

現在、料理本の編集などを仕事にしている庄山さんは、小さいころから大変なくいしんぼうで、常に食べもののことばかり考えていたという。自分のシュークリームを父親が知らずに食べてしまった時はくやしさから知恵熱が出た。姉と分けるおやつをこっそりごまかしたことも。そんなエピソードを聞けばどれだけ食にのめり込んできたのかお分かりいただけるだろう。そんな庄山さんの「食い地」を存分に育てたのが『ふじ』だという。

久々に食べたくなって訪れた『ふじ』の店内は、ソースのいい香りが充満していた。店主は富永修平さん。メニューも、おじさんの笑顔も、子どものころの記憶のままだと庄山さんは嬉しそうに話す。

ミックス焼きを頼む。紅しょうがは、潔く、はじめから生地に入っている。ソースがまんべんなくかけられているところも昔のままだ。真ん中でも端っこでも、どこを食べてもお好み焼きを満喫できるのがたまらない。タテにヨコにと手際よくヘラで切られ、あっという間に食べやすい一口サイズに。その一切れを口に運ぶ。そうそう、変わらないこの味。「ソースも粉も、40年間変えとらんよ」。だからこそ、この店に来ればいつでも嬉野を思い出せるのだ。

観光地を訪れて、その土地の名物を食べることは外せない楽しみ。けれど、その土地の人が愛する味を知ることで、また違った街の魅力が見えてくる。嬉野の人たちが愛してやまない『ふじ』から、嬉野のもう一つの魅力を見た。

お好み焼き ふじ

お好み焼きのほかにもいろいろなメニューが。宿は素泊まりにして、鉄板焼きをつまみにビールなんていう楽しみ方も。現在で、は修平さんの息子さんがお店に立っている。

場所：佐賀県嬉野市大字下宿乙1092-1
営業時間：11:30～23:30
定休日：火
駐車場：有り
問い合わせ：0954-42-1444

庄山陽子（編集者）

1976年佐賀県嬉野市生まれ。旅行業に携ったのち、新聞社でのライターを経て、大手出版社にてノンフィクション書籍の編集者となる。主に新書、実用書、料理書などを多く編集する。そのほか、フリーランスとしてウェブ漫画、書籍、料理サイトなどの編集も幅広く手がける。担当した書籍に『「使いきる。」レシピ』『毎日すること。ときどきすること。』著・有元葉子（講談社）、『Rola's Kitchen』著・ローラ（エムオン・エンタテインメント）、『成功する人は缶コーヒーを飲まない』著・姫野友美（講談社）などがある。

奉納
商売繁盛

きこえる

耳をすませば　聞こえてくる

五感で感じる佐賀の旅。ガイドブックには載っていないありのままの日常も、決して派手とは言えない暮らしの延長線上にある景色も、耳を澄ませば、そこには生活の音、自然が奏でる音がある。小さいけれど、鳴っている。大きな山を目の前に、澄んだ平野の彼方から目をつむれば聞こえてくるうつくしい音は、よそから来た旅人だけが気付ける贅沢なメロディかもしれない。歴史を刻んできた山や海の音。仲間たちの笑い声。これから新しく、未来の『さが』を作ろうとしているみんなの思い。そんなドラマティックなＢＧＭに耳を傾けながら、巡る佐賀の旅も、またいい。

JAさが みどり
トレーニングファー

スイッチ
224
IWAMURA TOKOYA

嬉野のシンボル『シーボルトの湯』。
夜になると景色は、湯上りの肌のようなピンク色に染まる。

各種定食
天ぷら・刺身
丼物・麺類

旅の手帖

~ 嬉野の旅で出会った大村屋という旅館 ~

佐賀きっての温泉街・嬉野の町が活気付いている。平日にもかかわらず、家族連れやカップル、グループで歩く女子たちとすれ違う。嬉野の町の中心部、湯宿広場ではヨーロッパから来たであろう外国人が楽しそうに足湯を体験していた。八百屋や鮮魚店にはたくさんの新鮮な食材が並ぶ。夜、飲食店ののれんの向こうはどこも賑わっていた。寂れた温泉街とは言わせない。かつてはこの何倍も、何十倍も賑わっていたのだと、嬉野の人たちは話すが決してその表情は暗くはない。今回の旅で泊まった宿『大村屋』は、嬉野でもっとも古い歴史を持つ旅館。不思議な魅力を持つ宿だった。外見はよくある老舗旅館だが、チェックインすると、佐賀にいることを忘れた。和洋折衷のモダンな部屋、インテリアだけではなく、活けてある花の細部にまでこだわりが見える。それだけではない。風呂上がりにくつろぐ共有スペースはそれぞれ、『湯けむりラウンジ ~Onsen & Music~』『湯上り文庫 ~Onsen & Book~』と名付けられていた。ラウンジにはこだわりのオーディオと、タイトルを見ているだけでタイムスリップしてしまいそうな珠玉のレコードコレクション。温泉から出てすぐのフロアには、ついつい手が伸びてしまうたくさんの名著が置いてある。『湯上り文庫』では、県内外からさまざまなアーティストを集めたライブイベントが頻繁に行われている。ふくよかなオーディオの音に浸かりながら思い出す嬉野の旅の思い出はあたたかい。嬉野の、ここちのよさの源泉を知りたくなり、大村屋社長の北川健太さんに話を伺った。シワひとつないスーツを身にまとったビートルズ狂の15代目は、あどけなくも、時にシリアスな表情で、大村屋のことを話してくれた。

——大村屋を継ごうと思ったきっかけを教えてください。

実は、元々音楽が好きで、昔は、音楽業界に進もうと思っていました。宿泊業に触れたのも、実家が旅館という前に、東京でバンドを続けるための仕事として条件の良かったホテルでのベルボーイのアルバイトが初めてで。それまでは継ごうとは全く思っていなかったんです。でも、実家は1830年から続く老舗温泉旅館。ホテルで働いている時に、同じ宿泊業なのに、ホテルと旅館はなんでこんなに違うのかな？と考えることはありました。例えばホテルは、コーヒーを飲むだけでも立ち寄れるし、宴会やパーティーなど、日常的に人が行き交う『駅』のような場。でも、旅館はそんなことはない。ぼくが25歳で嬉野に帰って来たころは、1年に2軒ずつ温泉旅館が潰れていて、街も人が全然歩いていなかった。街の風景がどんどん変わっていくことに危機感を感じたんです。「この街、やばいんじゃない?」って。嬉野は、1300年続いている温泉街として歴史も実力もある。でも、これだけ人が来ていない。自分の旅館もかなり危ないと思っていたのですが、自分の旅館だけじゃなくて、街のことも含めてなんとかしなければと切実に思ったんです。そこで、まずはじめに、嬉野の『情報発信』に向き合いました。嬉野に戻ってすぐに大村屋の社長になったので、街の組織にも積極的に参加しました。でもそこには、これからを考えていくはずの20代、30代の姿はなく、ほとんどが60代以上。まずは、その組合とか街の組織に参加していない人に出会って、集まれる場と時間を作りたいと思い、『チームUreshino』という勉強会をはじめたんです。

——『チームUreshino』ではどんな活動を行なっていますか？

いわゆる組織みたいな形にはしたくなくて、開催日時だけ発信して、集まった人たちが『チームUreshino』でした。しばりを極力なくしたかったんです。まず最初にやったのがインターネットの勉強会でした。大きな旅館はネットの担当者がいるけど、うちも含めて中小規模の旅館は、自分たちでなんでもしなきゃいけません。それなのに、ほとんどの人がインターネットを使えない状況でした。それは、昨今の旅館にとったら致命傷です。だから、自分たちで、自社ホームページを作って発信することからはじめました。それから、『チームUreshino』が街の大人たちに認知されるようになったきっかけが『スリッパ温泉卓球大会』です。使っていない卓球台が倉庫に眠っていると聞いて、でも普通にやってもおもしろくないから旅館のスリッパでやってみよう！と、毎月最終日曜日に嬉野の公衆浴場『シーボルトの湯』前の倉庫ではじめました。とにかく気軽にできることを大切に、２０１０年からはじまり、今では、最終日曜日はみんな自然と集まるように。他にも、閑散期対策として、街の地図を片手に、軍手とゴミ袋、トングを渡して、ゴミ拾いをしながら街を散策してくれたら、ワンドリンクサービスするという『一日一善プラン』を。季節によって魅力の変わる街を歩いて楽しんでもらうための仕掛けとして考えました。この『一日一善プラン』をきっかけに、旅館のプランで遊ぼう、もっと幅広い世代に楽しんでもらおうって思うようになったんです。

――大村屋の名物『湯けむりラウンジ～Onsen & Music～』や『湯上り文庫～Onsen & Book～』はいつ来ても居心地がいいですね。

実は旅館としてのターゲットは、2世代なんです。ぼくら30代の人たちが親を連れてきたいと思える温泉旅館。でも、元々そういった需要は多かったんですね。そういう時、予約するのって息子さんや娘さんなので、ぼくら世代に刺さるような音楽とか本を揃えて、湯上がりを楽しむ宿というイメージを持ってもらえたらと思ったんです。そのイメージを作るためにまず着手したのが、『湯けむりラウンジ』。もちろんオーディオもなかったですし、家具も全然違うシンプルな空間でした。今あるスピーカーは、父の倉庫に眠っていたのをリペアしたものです。オーディオはプロの方にセッティングしてもらって、元々あったものの力を最大限に引き出せるよう組み合わせています。夜は宿泊いただいているお父さんがここで一人の時間を楽しみながら、お酒を飲んで、レコードをリクエストしてくれたりします。

――館内のいたるところに健太さんの個性や工夫が見て取れますね。

そこが旅館とホテルの違いだと思います。旅館って昔ながらの家族経営が多いじゃないですか。それって、言い換えればうちの場合、北川家に泊まりに来てもらっているわけですよね、ある意味（笑）。だから、家にお客さまをお招きしているということなので、その家の主の個性が出ないとおもしろくない思うんです。もちろん、一流ホテルの方がサービスはすごいかもしれないけど、でもホテルは誰がやっているのかが見えない。そこが、旅館は違うと思います。おもてなしの主の顔が見えるのが、旅館の強み。中には、そういうのが苦手な方もいますけど、それは使い方の違いです。旅館を宿泊客だけのものではなく、みんなに開くというのは、ホテルでアルバイトをしていた経験から、絶対にやろうと思っていたことなんです。だからとりあえず、今は自分が『楽しい』『やりたい』と思ったことには、挑戦しようかと思っています。

嬉野温泉旅館 大村屋

この日、『湯上り文庫』では、全国で活躍するミュージシャンによるジャズのコンサートが開催されていた。湯けむりラウンジでは、浴衣姿の母親が娘に、ビートルズの魅力を語っていた。あたたかな嬉野茶を飲みながら、嬉野の夜はあっという間に過ぎていった。

場所：佐賀県嬉野市嬉野町大字下宿乙848
問い合わせ：0954-43-1234

北川健太（大村屋 15 代目 社長）

1984年、嬉野市生まれ。嬉野でもっとも古い歴史を持つ旅館大村屋の15代目。これまで『スリッパ温泉卓球』『もみフェス』『スナックサミット』『いとう写真館』『嬉野茶時』など嬉野温泉でワクワクするイベントを多数仕掛ける。 2016年より『湯上がりを音楽と本で楽しむ宿』として旅館の一部を大きくリニューアル。ビートルズマニアでもある。

朝鮮出兵を夢見た豊臣秀吉が作った名護屋城跡。戦には加藤清正、伊達政宗、徳川家康、福島正則、前田利家ら、全国の主だった諸大名のほとんどが参集し、城下町は20万人を超える人々で溢れたという。唐津の静かな空に、400年以上前の武士たちの威勢のいい声が聞こえてくるような気がした。

05

佐藤和哉
篠笛奏者・作曲家
Kazuya Sato

うつくしい景色から聞こえてくるメロディー

篠笛奏者・佐藤和哉さんは、佐賀の好きな場所として、故郷の唐津の魅力が一望できる『鏡山展望台』、そして嬉野の『立岩展望台』をあげてくれた。いずれも、彼の曲作りにとって重要な場所だ。標高284m。どこから見ても台形のうつくしい鏡山は、唐津のシンボルの1つ。山の上にいるとは思えない山頂の公園や、木漏れ日が落ちる遊歩道が気持ちいい。展望台の眼下に広がる青い海、境界線のない青空に、佐藤さんの姿が溶け込んだ。唐津湾の絶景を前に、私たちは全身に海風を受け、大きく深呼吸をした。人生ではじめて彼が作った篠笛の曲『舞姫』は、ここで見た景色と、鏡山内にある佐用姫神社の伝説*がモチーフになっていると話す。

その土地で過ごしていると、思わず口ずさんでしまうメロディー。彼はそれを「ある瞬間、音がピタッと景色とフィットする」と形容した。もちろん、それはゴールではなく、スタート。自然と湧き上がったそのメロディーを磨き上げ、さらに完成度を高めていく。その景色に似合うオンリーワンな音の調べがある。嬉野の『立岩展望台』では茶畑での神秘的な体験を話してくれた。

「だんだんと辺りが白んでいく中、ちょうど新茶の頃だったこともあり、朝日を受けた新芽が、その朝露をまとった姿をきらりと光らせ、それが何とも言えない幻想的な光景でした。また、白んでいく前の、霞に包まれた茶畑もうっとりとさせる美があります。この霞に包まれた茶畑の様子は、曲の冒頭にぴったりだと思い、メロディーを作りました」。

嬉野は自然豊かで、人があたたかく、心身ともに癒してくれる温泉があって、おいしい食べ物がある。曲を作る際には、旅をし、気になった場所に立ち止まる。そうやって自分自身が『感じる』ことで、曲が形作られていくのだという。「嬉野の町は歩いても楽しい場所。歩くことで体内の血を巡らせ、温泉に浸かって、また血を巡らせる。留まっているモノを流し、イメージを全身に循環させる。ここは、そんなサイクルが自然に取り入れられる場所です」。

＊佐用姫伝説 … 今から1450年前、朝廷の命令で朝鮮半島に派遣された大伴狭手彦は、停泊地・松浦で佐用姫と恋に落ちる。やがて出帆の時。別離の悲しみに耐えかねた佐用姫は鏡山に駆け登り、頂上から船出を見送った。しかし、それでもその悲しみに耐えきれなかった佐用姫は、七日七晩泣き続け、石となってしまう。

鏡山展望台／佐用姫神社

場所：佐賀県唐津市鏡山山頂
問い合わせ：0955-72-4963

立岩展望台

場所：佐賀県嬉野市嬉野町大字下野甲1969-11
問い合わせ：0954-43-0317（嬉野温泉観光協会）

佐藤和哉（篠笛奏者・作曲家）

九州は佐賀県唐津市の海辺に生まれる。篠笛奏者として国内外で公演を重ねる。 2012年 国宝・薬師寺東塔解体式典「宝珠降臨法要」で献笛。 2013年 自身作曲の『さくら色のワルツ』が、ゆずの『雨のち晴レルヤ』のモチーフ曲として採用され、NHK朝ドラ「ごちそうさん」主題歌となる。 同年、ゆずと共に『NHK紅白歌合戦』に出場。2014年 自身作曲「古道」が、熊野本宮大社「瑞鳳殿」テーマ曲に選ばれる。 また同年、作曲参加曲『雨のち晴レルヤ』がレコード大賞優秀作品賞となる。 2016年 佐賀県嬉野市の歌曲を制作。

06

馬場正尊

建築家

Masataka Baba

僕が、佐賀の日常を探す旅に出た理由

僕は佐賀県伊万里市生まれ。実家は商店街のタバコ屋だったが父親は転勤の多いサラリーマンで、小学校の時は西九州を転々と引っ越して回った。その後中学と高校、まさに青春時代を佐賀市で過ごした。時は80年代中期、日本がバブルの狂乱に突入しようとしていたころだ。そんな時代、僕は田んぼの中の畦道を自転車で通学した。テレビで見る華やかな都会や、当時流行っていたMTVを観て海外の音楽に憧れたりしていた、どこにでもいる普通の中高生だった。田んぼと水路の世界から、もっと外の世界に飛び出したいと思っていた。それはあの時代の普通の中高生の感覚だったと思う。その後大学入学のために初めて上京し、それから30年が経とうとしている。そして最近、建築の仕事で再び佐賀に通うようになった。

そんなある日、長崎本線に乗って佐賀から有田に向かう列車の窓をぼんやり眺めていた。水が張られた田んぼに、まさに夕陽が沈もうとしている瞬間

だった。オレンジの光が鏡のような田んぼの水に反射し、なんとも言えない幻想的な美しさだった。青春時代に、毎日見ていたどうでもいい風景のはずだった。典型的な田舎の風景を疎ましくさえ思ったことがあった。でもその風景は圧倒的に美しかった。

それからしばらく、僕は中高生時代の記憶を辿った。自転車に乗って竿を抱え、大物の雷魚やブラックバスを追いかけていた。部活のランニング中、誰かが暑いと川に飛び込んだのをきっかけに、全員がダイブしたこともあった。友達とふざけながら畦道を自転車で走っていて田んぼに落ちて泥だらけになった。『一休軒』の全部入りラーメンは、最高級の食べ物だった。店の外まで漂ってくるとんこつスープの匂いは、前を自転車で通る僕らの胃袋を刺激した。またあれを食べたい。

佐賀の魅力は日常の中にこそある。僕はそれを再確認、いや再発見するたびに記憶の旅に出ようと思い立った。50歳前の男が一人でそんな感傷を胸にさまようのはさすがに気持ちが悪いので、僕の好きな映画『パリ・テキサス』を真似て、10歳の息子を連れて行くことにした。僕が見ていた風景を、都会育ちの彼と共有したいと思ったのかもしれない。そして僕は、佐賀の日常を探す旅に出た。

◆

有明海の干拓地の中にある佐賀空港。もし佐賀に飛行機で訪れようとするなら、窓際の席をお勧めしたい。着陸する直前の風景が、とてもきれいだからだ。佐賀の田園地帯のど真ん中に降り立つことになる。特に田んぼに水を張ったばかりの5月頃だと、水に空の風景が映り込み、幻想的になる。今回僕たちが訪れたのは夏の朝だったので、水田は緑一色。その中にクリークと呼ばれる佐賀特有の水路が走り、太陽が反射している。道路はひたすらまっすぐで、そこにぽつりぽつりと車が走っているのが見える。最初に息子を連れていきたかったのが有明海だ。僕が中学生の時、初めて見た干潮時の有明海の風景は記憶に残っている。おそらく日本のどこにもないであろうこの不思議な風景を、息子にも見せたいと思っていた。

佐賀空港は干拓地のど真ん中にあって、そこから伸びる直線の道路は両方が水田で、まるで地平線に向かって走っているような感覚になる。佐賀に住んでいた頃の僕にとっては日常的な、そしてどちらかというとつまらない風景だったが、改めて眺めてみると実に美しい。道の横に流れるクリークには空と雲が写り込んでいる。満潮時には今走ってきた地面よりも海面が高くなる。有明海の干満の差は日本最大の6メートルある。だからコンクリートの堤防は見上げる高さにそそり立っている。僕たちは有明海を見ることができない。コンクリートの堤防に階段が切ってある場所を探して車を停めた。そして堤防の上に立って僕たちが目にする風景がこれだ。陸地の続きがどこまでもつながっていて、その先には水平線ではなくて地平線が見える。遮るものは一切なくて、どこまでも泥の絨毯が敷き詰められている。これが、圧巻の佐賀の日常の風景なのだ。

馬場正尊（建築家）

1968年佐賀県生まれ。1994年早稲田大学大学院建築学科修了。博報堂で博覧会やショールームの企画などに従事。その後、早稲田大学博士課程に復学。雑誌『A』の編集長を経て、2003年OpenA Ltd.を設立。建築設計、都市計画、執筆などを行う。同時期に「東京R不動産」を始める。2008年より東北芸術工科大学 准教授。

さがごこちの正体を探して

馬場正尊 × MOTOKO
対談

佐賀出身で『さがごこち』の発起人、建築家の馬場正尊と、
書籍化するにあたって、佐賀に通い『さがごこち』の空気を撮りおろした写真家・MOTOKO。
佐賀のフォトガイドブック『さがごこち』が生まれた背景には、
都市計画や公共空間のリノベーションという軸で、建築という枠に収まることなく地域における
『風景』を築きあげてきた馬場と、ローカルフォト*という新たな手法で、土地の風土や文化、
そこに暮らす人たちと向き合い続けてきたMOTOKOとの出会いがあった。
佐賀をはじめ、全国各地さまざまな地域を見てきた、ジャンルの異なる二人だが、
地元の人たちが愛する、そこにしかない『風景』を残したいという思いは同じだった。
佐賀の『旅の魅力』とは『日常のうつくしさ』とは。それぞれの視点で語ってもらった。

誰かの『好き』という想いが、旅をナビゲートしてくれる

馬場正尊（以下B）：MOTOKOさんがご自身で旅先を回って、こんなにたくさんの写真作品をフィルムで撮って発表するのはどのくらいぶりですか？

MOTOKO（以下M）：写真集『京都』以来なので15年ぶりですね。『京都』は、京都に通いながらいわゆる観光地ではない『日常』のうつくしさを切り取った1冊です。私は大阪出身で、幼少期から京都は近くにあったのですが、どう切り取っていいかよくわからなかったんですよ。でも、1998年に、美術家の横尾忠則さんと京都を回るお仕事をさせていただいた時に、「こんな京都もあったんだ」と感動したんですね。ご自身が好きな『自分だけの京都』を無邪気に語ってくださる横尾さんと町を歩くと、いつもの景色が変わって見えたんです。観光地としての京都ではなく、その人それぞれの京都があったんだと気付いたんです。そこから、自分にとっての京都を探す旅がはじまりました。何気ない路地や、庭や喫茶店、そんな何気ない風景も、視点を変えると魅力的に思える。そんな旅を、もっと若い人たちにも体験してほしいと思って作った1冊でした。その後、写真集『京都』に感想を寄稿してくださったミュージシャンの岸田繁さん（くるり）から、彼らのベスト盤*のジャケット撮影の依頼を受けたのですが、その作品がきっかけとなって、ファンたちの聖地巡礼がはじまり、結果的に京都を旅する若者が増えたと

＊くるり『TOWER OF MUSIC LOVER』（２０１６）…岸田氏の「京都タワーを真っ正面から撮ってほしい」と頼まれて撮った１枚。古臭いとさえ思われていた風景が、京都を旅する若者に人気のシンボルとなった。

聞きました。誰かの日常の、特別な『好き』という想いを写真で切り取ることが、旅につながるんだと思いはじめたきっかけでしたね。

Ｂ：ＭＯＴＯＫＯさんの京都の話と、僕らの建築は似ていて、ある時期から、建物を造るのではなくて『風景』を作ろうという視点に立った方がいいと思うようになったんですよね。東日本大震災の前後、僕が何を作ってもその景色に似つかわしくない気がして……。流行のデザインのビルや、宝石のようにオシャレなお店をみんなで競い合って造っても、このままではいつか造りたいものがなくなるって。ちょうどその頃から大学で教えるようになり、学生たちと一緒に「どんな風景を作りたいか」ということを考え始めるようになって。そのあたりから徐々に意識が変わったんですよね。そんなタイミングにたまたま帰省することがあって、その時に電車から見た、佐賀の何気ない田園風景に涙が出てしまい……。それからは理想的な町の風景を作り直す、守ることを第一に考えるように。理想の風景を作り直すというのと、写真で町の再発見をするというのは、その土地を『慈しむ』という意味では同じで、まさに今回の『さがごこち』が伝えたかったのはこの点だと思います。

Ｍ：写真業界も同じで、誰かが作り上げた流行やトレンドに追従するような広告写真に限界を感じていました。そしてカメラのデジタル化で、写真が均一的になってしまいました。このジレンマをなんとかしたいと模索するうちに「10年後、20年後も、変わらずうつくしいと思える風景を残したい」と思うようになり、青森や秋田の森林で撮影をはじめたのが、２００１年の９・11以降でした。馬場さんが東京の日本橋でエリアリノベーション＊を始められたのもこの前後だと記憶しています。振り返ると、建築も写真もまさに同じタイミングで地域コミュニティへの気づきがあったんですね。その後、相次ぐ雑誌の廃刊や、レコード業界などのカルチャー産業の衰退によって、従来型の『都会的マスメディア』な仕事場から、新しい写真の『現場』を開拓することに。２００６年から通っている滋賀県農村地域のフィールドワークを皮切りに、小豆島、真鶴町、長崎、愛知、山形と、さまざまな地域を渡り歩き、馬場さんのふるさとの佐賀に辿り着きました。ご縁ですね。

Ｂ：『さがごこち』の立ち上げの時に話していたのは、言葉にできないけれど『なんかいいな』って思えるものを

＊建築、グラフィック、メディアを横断するチームを作ることで、建築単体ではなくエリア全体を見ながら都市計画をしていく方法論。

＊ローカルフォト…「写真で町を元気に」。ローカルフォトは、人々の暮らしや営みに光を当てることで『シビックプライド（その地域の人たちの誇り）』を取り戻すため、２０１４年からはじまったプロジェクトであり、新しい写真の手法である。ここで生まれた人と人とをつなげる写真は、アートのような自己表現＝『私（PRIVATE）』でも、コマーシャルのような『公（PUBLIC）』でもない、その間にある『共（COMMON）』の写真と言える。山形では、馬場氏がスクールマスターを務めた『リノベーションスクール』と『ローカルフォト』がコラボレーション。その出会いが、この『さがごこち』へとつながった。

信じたい、ということでした。名前のない場所かもしれないけれど、写真として切り取った時になぜかうつくしく思える。巫女的な能力を持っているMOTOKOさんなら、この佐賀の言葉にできない魅力を切り取ってくれるのではないかと。

M：巫女(笑)。確かに日本人が海や山の神を信じるみたいに、言葉にできない風景にもきっと誰かの想いがあって、写真にはそれが写せる気がしました。

B：最近、ぼうっと、半分くらい開いた目で、風景を見るということが大切なのではないかと思っていて。気持ちを柔らかくするというか。仏像も半眼ですよね（笑）。それは大きく世界を見るために。都会だと情報量が多すぎていちいち反応しなければいけないじゃないですか。飛んできた球をすぐ返さないといけないから疲れてしまう。余白や隙間がない。だから、贅沢な旅というのは、ぼうっと半眼くらいがよくて、佐賀というスケールの土地はそんな風に見て過ごすのにちょうどいい。ドラマティックじゃなくてもいいんですよね。今回の『さがごこち』は、観光ガイドブックのように便利ではないかもしれないけれど、空気感という大切な情報が、高い解像度でちゃんと写ってる。じわ〜っと佐賀の魅力が体に染み込んでくるんですよね。

M：今回の旅は、何かを見つける度にシャッターを切るという時間よりも、小津安二郎や成瀬巳喜男の映画作品のような、日常の些細なことがらに眼差しを向けることで町全体に流れている空気を捉えようと思いました。なのでぼーっと風景を見るような『半眼』という感覚はすごくわかります。大局観を持つには、町の人たちと立ち話をしたり、カメラを持たずに散歩してみたり、温泉に浸かったり、その土地ならではのおいしいものをいただいたりすることが必要なんですよね。

視点を変えることで得られる自分だけの特別な旅へ

B：今までの観光って、みんなで一つの方向に向かって集中して、盲目的に何かを均一に手に入れようとする行為だったけれど、本当にいま、この忙しい世の中で、僕らが必要としている観光は、その地域にしか漂っていない特別な光や空気を『感じに行く』という行為だと思うんですよね。自分だけの特別な体験を得る。そんな旅の仕方が

佐賀の風景からは、不思議と
土のエネルギーを感じました。

有明海の干潟や陶磁器、広い田畑。佐賀は『土』の存在が大きいんです。

あってもいいじゃないか。だけど、そのやり方はガイドブックには載っていない。でも、ふと、「あ、なんかいいな」って思ったタイミングで、車や電車から降りればいいだけの話なんですよね。カメラのシャッターを切るみたいに。MOTOKOさんの写真が、それを教えてくれている気がします。

M：いろいろな地域を歩いてみてわかったんですが、町に流れる空気って、どの町にも特有の色があって、それがリズムみたいに存在していて、その波長がジャズセッションみたいに自分に合った時に、自分だけの贅沢な旅の体験ができるんじゃないかと思うんですよね。

B：旅先で体の力や気を抜いて、その土地の波長に自分の波長を合わせていくという感覚は好きだなあ。「よかったなあ」と思える旅はそういう旅ですよね。

M：今回も「よかった」と思えた時にシャッターを切った気がします。ただのあたりまえの景色に見えるかもしれないけれど、誰かにとっては特別で、なくしたくない風景です。歴史の長い佐賀だからこそ残したい風景がたくさんあるのだと、改めて気づいた旅になりました。

B：どの写真も、みんな取り繕っていないというか、日常のうつくしさがありのままに写っている気がします。見慣れたはずの景色なのに、少しだけ違って見えるから不思議なんですよね。観光地ではないだろう場所も、行ってみたくなる。あたりまえすぎて見過ごしてしまっていた風景があったなんて、もったいないなあ。

M：見過ごしてしまいがちな景色ほど失われやすいし、案外、重要なんだと思うんです。写真でちゃんと光を当ててあげることができれば、またその風景の中に人が集まり、その町に賑わいが戻ると思うんです。そうすればその風景は守られる。私にできるのはそのくらいかなと。

B：この『さがごこち』で僕が提案したいのは、どこに行きたいかももちろん大事なんだけれど、「どんな風景の中に身を置きたいか」という新しい感覚の『旅』のあり方なんですよね。旅行で佐賀に訪れる人はもちろん、佐賀に暮らしている人も。それぞれの『さが』の『ここちのよさ』の正体を、実際に旅することで、佐賀の中に見つけてもらえたら嬉しい。MOTOKOさんの写真は、まるで旅をしたかのような気分になれる。それは、想像力を掻き立てる現象の連続だからなんですよね。だから、この本を手にとった人はぜひ、たくさんの写真の中から『自分の好きな風景』を選んで、そこを起点に旅をしてみるのもいいと思います。

M：旅の途中で出会ったおばあちゃんのうどん屋さん。あのおいしいうどんはずっとずっと残したい風景です（笑）。

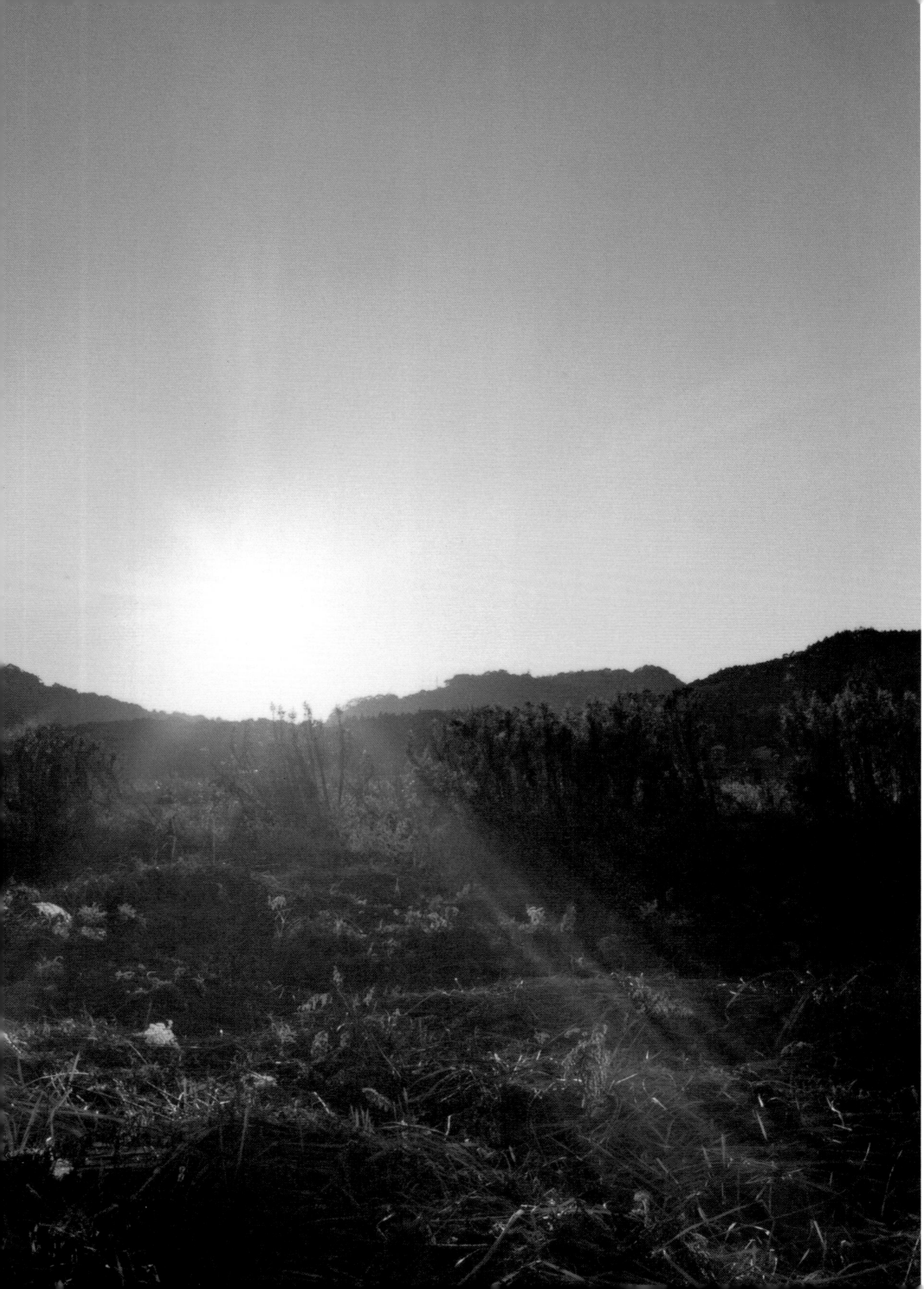

『さが』の『ここちよさ』をさがして

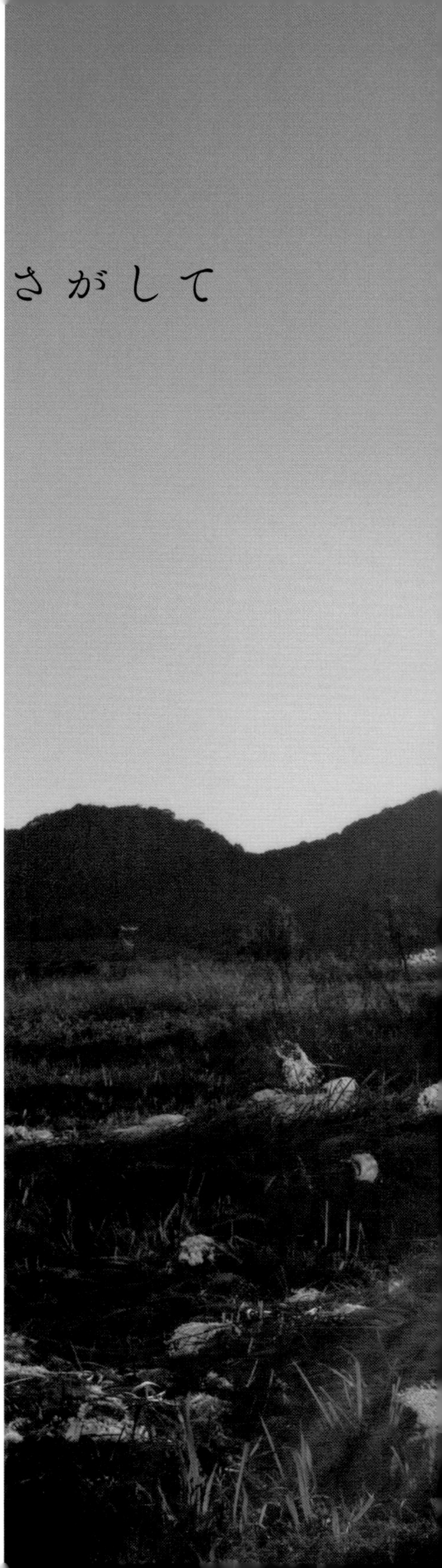

夕日が沈んで、翌朝、朝日が昇る。
そんな毎日の当たり前のことが、うつくしいと思える旅がしたい。
何をみるかではなく、どうみるかという旅に、憧れを抱く。
ガイドブックに載らないかもしれない日常のワンシーンも、
名前のない誰かの思い出も、通りすがりにふと立ち寄った店も、
たまたますれ違って会話した人も、その接点がすべて『旅』になる。

それは『私』だけの贅沢な旅のありかた。
『さがごこち』という風景を探す旅。

本書は、「佐賀の日常にある、本当の魅力をさがして」というコンセプトで、2016年1月から2020年1月まで公開されたウェブマガジン『さがごこち』の記事を、新しい旅の提案として再構築したものです。この本をきっかけに、佐賀の日常の風景を、もっと好きになってくれる人や、残したいと思ってくれる人たちが増えれば、佐賀という町はもっと豊かで素敵な旅先になるのではと、そう感じています。

4年もの間、佐賀の魅力をさがす旅に協力してくださったみなさまに、感謝の意を込めて。

さがごこち編集部

さがごこちアーカイブ

2016−2020

『さがごこち』は大きく３つの要素で構成されています。１つは佐賀に暮らす『ローカルコラムニスト』と呼ばれる編集者たちによる現地での地域密着型の記事。もう１つは、佐賀在住の写真家によるうつくしい日常のハレとケを切り取った『フォトギャラリー』。そしてもう１つは、佐賀で生まれ育ち、現在では国内外で活躍しているさまざまなジャンルの15人の『ナビゲーター』による、佐賀の思い出を旅するコンテンツ。ガイドブックに載ることのない、その1つひとつが、佐賀の日常の、本当の魅力でした。

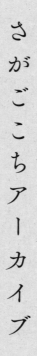

佐賀の魅力を全国に伝える
ナビゲーターという存在

「あなたの地元の、あなたの一番好きな場所に連れて行ってください」。そういうと、はじめは頭を抱えるけれど、次の瞬間、クリエイターたちは目を輝かせました。彼らがナビゲートしてくれた場所は、決して有名な観光地ではないかもしれないけれど、彼らにとって、ものづくりのルーツとなった場所。例え名前のない場所でも、伝えたい物語がそこに、眠っていました。

Navigators

馬場正尊
吉岡徳仁
岡康道
西村浩
佐藤和哉
ミヤザキケンスケ
池田学
庄山陽子
池田達也
倉成英俊
江島史織
寺内ユミ
326
古瀬学
朝夏まなと

心あたたまる青春の地 40年ぶりの再訪

　クリエイティブディレクターとして住友生命、サントリーなど時代を代表するCMを多く手がける岡康道さんが向かったのは『佐賀市大隈記念館』。内閣総理大臣を2度務め、早稲田大学の創設者でもある大隈重信。威風堂々とした建物は、大隈侯が持つ〝どっしり、動かざる姿〟を彷彿とさせる。館内には大隈侯の功績を伝える貴重な資料が展示されている。大隈侯は演説の名手であり、手元に原稿はなく、すべて頭に入れていたという。岡さんが館内で流れるその肉声に耳を傾けていると、館長が大隈侯に関するマニアックな知識を披露してくれる。演説では独特の言い回しを好んだこと、若かりし頃の大隈侯のファッションが長崎で流行ったこと、など。

　昭和51年の春、岡さんが早稲田大学に合格すると、祖母に「大隈さんにちゃんとあいさつをしてこい」と言われ、一人わざわざ東京からこの記念館を訪ねたというエピソードを話してくれた。

岡康道
（クリエイティブディレクター）

1956年佐賀県に生まれ東京に育つ。早稲田大学法学部卒業後、株式会社電通に入社。CMプランナーとしてJR東日本、サントリーなど時代を代表するキャンペーンを多く手がける。97年、JAAAクリエイター・オブ・ザ・イヤー受賞。99年、日本初のクリエイティブ・エージェンシーTUGBOATを設立。NTTドコモ、住友生命、ダイワハウス、サントリーなどのCMを手がける。ACCグランプリ、TCC最高賞ほか多数受賞。共著に『ブランド』『CM』『人生2割がちょうどいい』。エッセイ集『アイデアの直前』、小説『夏の果て』などがある。

太陽をいっぱい吸い込んだ僕らだけの思い出の道

周囲に高い建物はなく視界いっぱいの田畑が広がる。雲の流れがゆっくりに感じられる青空の下で、太陽の光を全身に浴びながら、「気持ちいいなあ」とつぶやく。建築家の西村浩さんが連れて行ってくれたのは通学路でもあった『田んぼの真ん中道』と『田舎道』。西村さんをはじめ、近所の子どもたちが勝手に名付けていたので、正式名称ではない。『田んぼの真ん中道』には右手にレンゲ畑、左手には田園が広がっていた。「なんで子どもの頃は簡単に捕まえられたんだろうな」、田んぼに手を伸ばしても、おたまじゃくしがなかなか捕まえられない。『田舎道』の前で西村さんは立ち止まり、「そうそう」と切り出した。「ここは僕の〝左右はじめ〟の場所なんです。右左がわからなくなる時、ここの風景を思い出すと、どちらが右かはっきりするんです。いつも『右を歩きなさい』って言われてね」。名前のない道も、誰かには大切な思い出の道なのだ。

西村浩
(建築家)

1967年佐賀市生まれ。東京大学工学部土木工学科卒業、同大学院工学系研究科修士課程修了後、1999年ワークヴィジョンズ一級建築士事務所(東京都品川区)を設立。土木出身ながら建築の世界で独立し、現在は、建築・リノベーション・土木分野のデザインに加えて、全国各地の都市再生戦略の立案にも取り組む。2014年には佐賀市呉服元町に同社佐賀オフィス兼シェアオフィス『COTOCO215』を構え、2020年にはベーグル専門店『MOMs' Bagel』の事業主となり、マイクロデベロッパーとして佐賀のまちづくりにも取り組んでいる。

子どもの頃に描いた夢が佐賀から世界へ広がる

世界各地に壁画の輪を広げているペインターのミヤザキケンスケさん。一時はもう戻って来たくないとまで思っていた佐賀だったが、世界を旅し、「故郷は他にない特別な場所」だと思えるようになったと言う。自分のルーツはやはり佐賀だと力を込めた。かつての遊び場を通り佐賀城『鯱の門』へ。復元ではなく、幾多の修復を経ながらも、当時のままの姿を保っている国の重要文化財。門をくぐり奥へと進むとミヤザキさんは腰を下ろし、その景色をキャンバスに描きはじめた。小学生の頃にもこうしてデッサンをしていたという。「歴史と文化が、さりげなく自然な形で身の回りに溶け込んでいる。佐賀はそんな場所です。だから、見る人次第で風景は変わる。ある人にとっては何の変哲もない風景でも、ある人には宝の山だと感じるかもしれません」とミヤザキさんは話す。観光地化されていないだけで、歴史や文化はちゃんと息づいている。それが佐賀だ。

ミヤザキケンスケ
（ペインター）

1978年佐賀市生まれ。筑波大学修士課程芸術研究科を修了後、ロンドンへ渡りアート制作を開始。 帰国後、NHK「熱中時間」にてライブペインターとして出演。 この他、ケニアのスラム街の壁画プロジェクト、東北支援プロジェクトなど、『現地の人々と共同で作品を制作する』活動スタイルで注目を集める。現在、世界中で壁画を残す活動『Over the Wall』を主催。

父の背中を追って 辿り着いた佐賀の風景

画家の池田学さんは18歳までを佐賀で過ごした。高校時代は毎日、学校との行き来で、記憶に残っている風景は美術室ばかり。だからこそ幼少期の記憶は瑞々しく色鮮やか。辿り着いた場所は一見するとただの雑木林だが、池田少年はカブトムシを捕まえるために何度も早起きをしてここに通ったという。誰よりも早くカブトムシのいる木を見つけ出し、誰よりも早く確保することが求められた。まさに木の取り合いだ。この場所を地元の子どもたちは〝スイギュウ山〟と呼んでいた。スイギュウとは大型のノコギリクワガタの呼び名で、元々、父親に連れられてやって来たという。池田さんの父は、昔からこの土地のことを知っている地元の先輩であり、遊びの達人でもあった。池田さんにとって父は、自慢のヒーローだった。現在アメリカを拠点にして活動する池田さんも、そんな父の姿にならい、積極的に子どもたちを外へと連れ出して遊んでいるのだという。

池田学
（画家）

1973年佐賀県多久市生まれ。98年東京藝術大学美術学部デザイン科卒業。卒業制作にて紙に丸ペンを使用した独自の細密技法を確立。2000年同大学院修士課程を修了。2011年より文化庁芸術家在外研修員としてカナダ、バンクーバーに滞在。2013年よりアメリカ、ウィスコンシン州マディソンにあるチェゼン美術館の招聘を受け、滞在制作を行う。圧倒的な細密さと共に、ユニークな感性と創造力溢れる作風で国内外を問わず高い評価を得ている。

40年経った今でも
変わらない僕の原風景

「佐賀で思い出の場所は？」と尋ねられたとき、真っ先に思い浮かんだのが石井樋《いしいび》。元和年間（1615〜23）に造られた取水施設で、佐賀城下の生活や農業用水として利用されたこの場所は、ジャズベーシスト池田達也さんの子どもの頃の遊び場。夏場になると毎日のように近所の友達と泳いだり、かくれんぼや缶蹴りなどをして遊んでいた。中学になると学校の友達と遊ぶようになったことに加え、部活動に参加したこともあり、石井樋へは次第に足が遠のいていった。その後、石井樋に立ち寄ることも無いまま約40年が過ぎた。子どもの頃に比べてきれいになり、すっかり様変わりした石井樋だが、水辺を歩いていると子どもの頃の記憶が次々と鮮明に蘇ってくる。不思議なほど安らかな気分になったのは、かつての自分が最も好きだった場所だからか。堤防や河川敷の景色も変わっているはずなのに、ここが自分にとっての〝原風景〟だと確信した旅となった。

池田達也
（ジャズベーシスト）

1964年佐賀県佐賀市生まれ。佐賀北高校を卒業後上京。MALTA(Sax)や寺井尚子(Violin）のグループへの参加を経て、現在は自身が主宰する”たつやせっしょん”でのライブ活動をはじめ、さまざまなアーティストのサポート、スタジオ・ワークなどで活動。ベーシストとしての参加CDは数百に及ぶ。

故郷から学んだ 続けることの大切さ

蝉が元気に鳴く真夏の田舎道を、生き生きとした表情で歩くのは佐賀市出身の書作家・江島史織さんだ。目の前に水田が広がる自然いっぱいの土地。ここでどんな学生時代を過ごしたのか、江島さんのルーツを訪ねる。母校は建て替えられ、当時とはすっかり変わってしまったとのことだったが、当時暮らしていた家までの道のりを辿ると記憶が蘇ってきた。江島さんの〝書〟の原点とも言える書道教室は通学路の途中にあった。何気なく始めたお稽古ごとだったが、結局、中学生の終わりまで通い続けた。やめたい時もあったけれど、母は「辛くても続けることの大切さを娘に教えたい」と言って、書道だけはやめさせようとしなかった。「今は守られ整えられた自然が増えて、〝自然な自然〟が少なくなっていますよね」と少し寂しげに話す江島さん。いまだ原風景の残るこの生まれ故郷は、自分自身を取り戻す貴重な場所なのかもしれない。

江島史織
（書作家）

1982年佐賀県佐賀市出身。佐賀北高等学校芸術コース書道専攻への進学を契機に書の勉強を深め、東京学芸大学・同大学大学院在学中より、テレビドラマの監修等に携わる。現在、掛け軸や命名書などの書の制作、ロゴ文字執筆、書道パフォーマンス、ドラマ・CM・映画等への筆文字・手書き文字の提供、書道監修などを行う。

あの頃は気付かなかった 贅沢な時間と場所

この日は佐賀出身の326（ナカムラミツル）さんと、敷地内に遊園地がある神野公園で落ち合った。入園無料。遊具の一部は有料だが、大半が100〜200円台で利用できる。「今思うと本当に贅沢な遊び場だったんですよね」と326さんは語る。昭和の空気を感じさせるような遊具は、ノスタルジックな気持ちにさせる。「いいでしょこの雰囲気。大人になった今でも、大切な何かを思い出すためにふらりと散歩に来るんです」。326さんはそう言って、太陽の下を歩き出す。「じいちゃんは絵が上手くて、園内に子どもたちのために絵を描いていたんですよ。幼いながらに誇らしかったですね」。誰かのために絵を描くという精神は326さんへと受け継がれている。ここは街の真ん中なのに、見渡す限りの自然に包まれている。子どもの頃にはその贅沢な環境に気が付かなくとも、その時、その場所で感じた体験は、豊かな感性を育んでいく。

326／ナカムラミツル
（イラストライター）

1978年、佐賀県生まれのポップアーティスト・イラストライター。音楽グループ『19』の元メンバー。『19』では、ジャケットデザイン、作詞、PV制作を担当。 学生時代より326として作家活動を開始。 1997年のデビュー以来、イラスト、詩、作詞作曲、絵本、小説、漫画、音楽やゲームのビジュアルプロデュースなど、幅広いフィールドで創作活動を展開している。

豊富なコンテンツが育んだデジタルクリエイター

大学卒業後起業し、デジタルクリエイティブの道を突き進んできた佐賀出身の古瀬学さんに、子どもの頃よく足を運んだという佐賀市内の中心部を案内してもらう。最初に向かったのは佐賀県立図書館。小学生の頃、児童図書室に毎週のように通っていた。目当ては、電子工作、ＳＦ小説などが満載の月刊誌『子供の科学』。歴史や物語の本には目もくれない古瀬少年。小さい頃から目的がはっきりしていた。「プログラミングに興味を持ったのは小学5年生。ポケット型のコンピュータを手に入れて、ロボットを作ったことも」。書店に文具店、ゲームセンター、おもちゃ屋、トランジスタ、コンデンサ、特撮。当時、佐賀市の中心部はコンテンツの集積場だったのだ。一通り歩いた帰り際、「今の自分を作り上げたものは決定的な何かではなく、佐賀で見て触れてきたいろんなコンテンツが影響していると思う」と話す古瀬さんの姿が印象に残った。

古瀬学
（クリエイティブプロデューサー）

1970年生まれ。佐賀市出身。佐賀西高校、電気通信大学卒業。1994年、フリーのプログラマーとして創業。2001年よりアールテクニカ株式会社代表取締役。パソコン・PDA・携帯電話・ゲーム機などあらゆる先端プラットホーム上でのソフトウェア開発やコンテンツ制作プロジェクトに参加。

わたしが居場所をみつけた佐賀

2019年2月。佐賀市出身の女優・朝夏まなとさんが佐賀市プロモーション大使に就任しました。朝夏さんは宝塚歌劇団 宙組の元トップスター。宝塚歌劇団を2017年11月に退団した後、数多くの舞台などに出演し多くのファンを魅了し続けています。佐賀バルーンミュージアムで行われた就任会見後、朝夏さんに佐賀県の思い出を尋ねました。

■就任式前に佐賀市内を歩かれたそうですが、町歩きはいかがでしたか？

松原川沿いをのんびりと歩くことができました。こんなにのんびり歩いたのは久しぶりです。大きな道を外れて、小径に入ると素敵なお店と思いがけず出会ったりして。ゆっくり歩けてよかったですね。私が佐賀を離れてずいぶん経つのですが、若い人が戻ってきているのかな。すごく趣味の良いカフェとかが増えていてうれしいですね。

■プライベートで佐賀に戻ったりすることもありますか？

去年のお正月は実家で過ごしました。お正月は一週間ほど佐賀にいたので、地元の友人と中央大通りにできた新しいカフェに行ったりしていました。リラックスをしに戻っているつもりはないのですが、佐賀はつい気が抜け過ぎちゃう場所ですね（笑）。「普通の自分」に戻れるので、それが自分にとってもいいことだと思います。

■佐賀に戻ると食べるものはありますか？

もちろんイカですね。佐賀といえばイカでしょう？（笑）。東京で、誰に聞いても「呼子のイカ」は聞いたことがあると言いますよ。……海を見て、磯の香りを楽しみながら、生けすから来たそのままをいただくなんて贅沢ですよね（笑）。あとはやっぱり海苔。

今日、飛行機が佐賀空港へと降下しているとき、有明海の海苔畑が見えました。綺麗に並んだ海苔網の間を、何艘も船が行く姿が本当にきれいで、ずっと見ていました。いい風景ですよね。

■佐賀で思い出の場所というとどこでしょうか。

小さな頃からバレエの発表会で立っていた佐賀市文化会館かな。中学校の頃、同じ舞台で月組の真琴つばささん主演の『うたかたの恋』を観て人生が変わったんです。普段自分が立っている同じ舞台に、宝塚歌劇団がやって来たということが不思議でした。当時の私は、将来何になりたいかを考えていた時期だったんですね。キラキラとした舞台を見て「憧れ」という感情もありました。けれど、現実的に「舞台に立つ仕事とはどんなことだろう」という所にも興味を持ちました。当時から背も高かったので、「自分に向いている」って勝手に思いました（笑）。「これを職業にすれば、毎日舞台に立てるんだ」って。佐賀市文化会館は、自分の居場所が見えた場所です。

■かつての朝夏さんのように夢に向かう子どもたちにメッセージはありますか？

そうですね。一つ言えるのは諦めず、初心を大切にしていくことでしょうか。自分が「好きだ！」と思ったことを、ずっと思い続けられるように。やっぱり、どれだけ好きでも忘れちゃうこともあるんですけれど、挫折したときでもその気持ちに帰れるように。……かなう、かなわないは自分の努力だけではあらがえない部分はあります。ですが、そこに至るまでの過程や努力は自分を成長させてくれると思います。頑張ってほしいです。そして、どんなことでも楽しんでやった方がいいと思います。

朝夏まなと
（俳優）

佐賀市出身。佐賀大学教育学部附属中学校卒業。2002年、88期生として宝塚歌劇団に入団。 花組に配属後2015年に宙組トップスターに就任し、『王家に捧ぐ歌』、『エリザベート-愛と死の輪舞-』などを好演。2017年の退団後は、女優として、ミュージカル『マイ・フェア・レディ』に主演（神田沙也加とWキャスト）、日本初上演となるミュージカル『オン・ユア・フィート！』で世界的歌姫グロリア・エステファンを演じた。

地域に密着し魅力を発掘する
ローカルコラムニストたち

『さがごこち』には、ナビゲーターの他に、『ローカルコラムニスト』という存在がいます。彼らは佐賀に暮らしながら佐賀の地域の魅力を、日常的な視点で紹介してくれました。地域おこし協力隊からそのまま移住した人、農家、会社員と、様々な立場から発信される情報は、ガイドブックには載らない、貴重な情報となりました。その一部を紹介します。

Local columnists

田中秀樹
中島千明
竹下久美
北川健太
岡垣貴憲
恵良五月
村岡昌一
門脇恵

ワクワクが飛び出す
不思議なキューブ

Local Columnist：恵良五月

山暮らしをご希望の方は、いらっしゃいませんか？ そんな方は、是非一度、佐賀の北部山間地、三瀬村にある『みつせCUBE（キューブ）』へ。山を愛する仲間たちが、親身になっていろいろな相談にのってくれるはず。NPO 法人『Murark（ムラーク）』運営の集いの場『キューブ』では、たくさんの人たちの協力のもと、さまざまな活動が行われている。カフェや山の観光案内、レンタルサイクル etc……。ちなみにこの日は『こみちゃん食堂』。キューブの真ん中にある大きなテーブルについて食事をしながら、お隣や前の席の方とおしゃべりをする。ムラークのメンバーを見ていると、「山のみんなを楽しませたい」という彼らの心の声が聞こえてくるような気がする。

みつせCUBE
場所：佐賀市三瀬村三瀬2769-1
問い合わせ：出店営業やイベント等の詳細情報はNPO 法人 Murark の facebook まで

毎日を大切に
季節に寄りそう暮らし

Local Columnist：村岡昌一

5月下旬、麦の収穫期『麦秋』を迎えた佐賀平野は黄金色に輝く。この時期、佐賀市川副町では、二日間にわたり五感で麦秋を満喫するイベント『麦秋カフェ』が開催され、訪れた人は、生演奏やひばりのさえずりをＢＧＭに、黄金色の風景を楽しむ。主催する『さがのぎ』は、『季節に寄り添う暮らし』をテーマに活動している。ここでいう『季節』とは二十四節気のこと。私たちは2週間ごとに新しい季節を迎えながら生きているのだ。佐賀では、田畑や空、お店に並ぶ地元の旬の食材などいろんなところに『季節のメッセージ』が届けられる。そのメッセージを感じ取りながら、毎日を大切に過ごしていくことが、『季節に寄り添う暮らし』につながるのかもしれない 。

麦秋カフェ
場所：佐賀市川副町犬井道5895
問い合わせ：0952-37-7489（佐賀市観光協会）

お濠に映る月が本当にきれいで

Local Columnist：村岡昌一

「きれいかねぇ」と女性の声が聞こえてきた。「来てよかったね、母さん」と、横に座る娘さんが返す。夜を迎えた佐賀城公園のお濠に、あたたかかな灯りが揺れている。城濠に夜の景観を創り出す試み、『水鏡プロジェクト』の灯りだ。主催団体メンバーの向井さんがかつて感動した満月の夜の光景を題材に、星に見立てた約600個の灯籠をお濠に配して、一夜限りの夜の景観を創っている。お濠に浮かべた舟に乗ることができるということもあって、日が暮れる頃にはたくさんの人が列を作った。いつものお濠とは違ううつくしい光景に誰もが感動し、記憶に留めた。たくさんの人たちが同じ思いを共有したことで、きっと地域の新しい動きにつながっていく。

佐賀城公園
場所：佐賀県佐賀市城内
問い合わせ：0952-22-5047（佐賀城公園管理事務所）

思い出を育む絵本のような遊園地

Local Columnist：村岡昌一

親から子へ、さらにその子へと引き継がれていく大切な絵本。そんな絵本のような遊園地が佐賀にある。『神野公園こども遊園地』の開園は、今から50年以上前の1964年。コンパクトな園内には、ミニジェットコースターやチェーンタワーなどをはじめ、子どもたちが楽しめる遊具がいっぱい。世代を越えて子どもたちの思い出や家族との思い出を育んでいく『神野公園こども遊園地』。古い遊具もあることから、“昭和レトロな遊園地”という声も聞くが、どれほど素敵な場所なのかは、園内に溢れる子どもたちの歓声と家族の笑顔が示している。その笑顔は、大切な絵本と過ごす時のように、やわらかで、あたたかい。

神野公園こども遊園地
場所：佐賀県佐賀市神園4-1-3
開園時間：9:30〜17:00
定休日：火（祝日の場合は翌日）、12月31日、1月1日
問い合わせ：0952-30-8461

風景を紡ぐ
本好きの聖地

Local Columnist：恵良五月

2016年10月、古湯温泉の一角にオープンした泊まれる図書館『暁』。本の詰まった木箱がたくさん、美術館の立体作品のように並ぶ館内は本好きにとって、まさに夢の部屋。ここにあるのは全て『誰かのとっておきの本』。館長の白石隆義さんが本好き約60人に『自宅の本棚にずっと残しておきたい20冊』を選んでもらい、その選者ごとに木箱を配置している。本の内側にはポケットがあって、選者の『選んだ理由』が書かれている。そして、ポケットの中のカードには、読んだ人がコメントを書けるようになっている。本と出会うだけではなく、その本を選んだあるいはこの本を読んだ誰かと出会い、つながることができるのだ。

泊まれる図書館 暁
場所：佐賀県佐賀市富士町古湯761-1
営業時間：図書館・カフェ不定期
問い合わせ：080-7982-0222

重なる願いと思い
酒屋の誇りをかけて

Local Columnist：村岡昌一

佐賀の偉人・鍋島直正公の銅像が見つめる先に、佐賀の銘酒を数多く揃え、角打ちを併設する石丸酒店がある。「お財布にやさしくて、毎日でも来られる。一人で来てもみんな仲よくなれる。そんな場所であってほしいですね」と店主の石丸さん。石丸さんの言葉には、酒に留まらず、酒を楽しむ時間や場所まで提供するのだという『酒屋としての誇りと使命感』を感じる。ここは、角打ちがほとんどなくなった佐賀で続く大切な空間だ。「いい時間を過ごしたい」という客の願いと、「過ごしてほしい」という店主の思いがここで重なる。石丸酒店の角打ちには今日も温かな明かりが灯り、人々が集う。こういう穏やかな日常のあることが、この上なく愛おしい。

石丸酒店
場所：佐賀県佐賀市城内2-12-15
営業時間：10:00～21:00
角打ちは平日16:00～21:00、土・日・祝16:00～20:00
問い合わせ：0952-24-4728

さがごこちの日常を切り取る
さがごこち Photos

『さがごこち』の３つ目のコンテンツ『さがごこち Photos』は、佐賀在住の写真家・水田秀樹の目線を通した佐賀のフォトギャラリー。人と生き方にフォーカスした写真と、日常の魅力にフォーカスした写真。佐賀に向き合う写真家の、人生を、風景を楽しんでもらうためのコンテンツです。

祐徳稲荷神社
2016.12.05／撮影場所：鹿島市

棚田
2018.03.09／撮影場所：肥前町

玉ねぎの収穫
2016.04.30／撮影場所：小城市

佐賀の夕暮れ時
2016.04.18／撮影場所：神埼市千代田

水田秀樹（写真家）
Hideki Mizuta

1986年佐賀県神埼市生まれ。旅写真家。国内メーカー退職後、1年4ヶ月にわたる海外放浪の旅へ。旅をしながら独学で写真を学び、世界の絶景から人々の日常にいたるまで幅広く撮影。National Geographic国際フォトコンテストにて奨励賞を受賞。

トネリコ・カフェ…P109～111

場所：佐賀県佐賀市白山2-5-19　営業時間：月～金 8:00～18:00、土・日・祝 10:00～18:00　定休日：不定休　問い合わせ：090-1978-0993

白山名店街にある『トネリコ・カフェ』には、常連客の思い出が詰まっている。いつも笑顔で迎えてくれる店主の岡野さんは、みんなのママみたいな存在。「おかえり」と言ってもらっているかのよう。

COTOCO215…P131

場所：佐賀県佐賀市呉服元町2-15
営業時間：11:00～17:00
問い合わせ：0952-37-5883

最近、佐賀市の呉服元町が盛り上がっている。アイデア溢れる若い表現者たちが集まる『場』がたくさん生まれている。その一つ、マチノシゴトバ COTOCO のコワーキングスペースは、いつも賑わっている。

【唐津市】

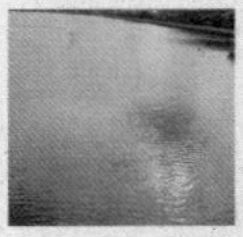

城内橋…P20

場所：佐賀県唐津市千代田町2565-20
唐津城内橋

唐津市街地を流れる潮の香り漂う穏やかな川の水面と、唐津城、鏡山を一望できる城内橋。隣接する駐車場に車を停め、城内橋を起点に唐津城、西の浜海水浴場辺りを散歩をするのがオススメ。

旧高取邸…P24

場所：佐賀県唐津市北城内5-40
営業時間：9:30～17:00
定休日：月（月が祝日の場合は開館、翌日休館）
問い合わせ：0955-75-0289

旧高取邸は明治に建てられた木造建造物で、明治時代の炭鉱王として知られる高取伊好の邸宅。能舞台や個性豊かな欄間、隣接する洋館など、近代和風建築を存分に楽しめる国指定重要文化財だ。

旧高取邸の周辺…P35

場所：佐賀県唐津市北城内5-40

唐津城から西の浜へ下り散歩をしていると、旧高取邸の立派な石垣や庭に出会う。周辺はきれいにそうじされ、庭の草木も活き活きとしていた。往時を思わせる威厳が、今も保たれている。

【佐賀市】

佐嘉神社・松原神社…P34、126

場所：佐賀県佐賀市松原2-10-43
開門時間：5:00～17:00、12月31日 23:00～1月3日 17:00
問い合わせ：0952-24-9195

幕末の名君、佐賀鍋島藩10代藩主直正、11代藩主直大を祀る由緒正しき神社。敷地内には佐嘉神社の他に松原神社などの7つの神社があり、大願が叶うとされる八社詣巡りは観光客にも人気だ。

長崎街道の案内標…P43

場所：佐賀県佐賀市呉服元町３

福岡の小倉から長崎までの57里（約224km）を25の宿場でつないだ『長崎街道』は、佐賀も通っていて、時々、その標を町中で見つけることができる。何気ない風景から、長い歴史を感じて歩く。

松原川親水公園…P78

場所：佐賀県佐賀市松原2
問い合わせ：0952-40-7182

『河童が住める清流を』と、佐賀で暮らす人たちのために整備された親水公園。佐嘉神社に寄り添うように自然の調和が楽しめる。また、川沿いの街灯や石畳もきれいで、散歩するのにちょうどいい。

佐賀市内の街並み…P79

場所：佐賀県佐賀市松原3

佐賀の魅力が詰まったウェブマガジン『EDITORS-SAGA』の編集長で、生まれも育ちも佐賀の中村さんが案内してくれたのは、旅人には気付けない、日常を流れる佐賀の風景。あたりまえを魅力に変える、贅沢な旅。

田中ぎょうざや…P96～99

場所：佐賀県佐賀市呉服元町2-2　営業時間：11:00～18:00
定休日：不定休　問い合わせ：0952-25-1618

佐賀の商店街『中央マーケット』に注目が集まっているという。グルメ好きの若者たちが、自分だけの味を見つけようと足繁く通う。その中でも『田中ぎょうざや』の餃子はみんなのナンバーワンだ。

中野陶痴窯…P66、67

場所：佐賀県唐津市町田5-9-2　営業時間：8:30〜18:00
問い合わせ：0955-73-8881

1860年創業。唐津焼の窯元の中でも珍しい大きな窯を持ち、伝統を守り続けている。唐津駅より徒歩15分。アトリエに隣接する店舗では、家族で作陶する中野家の三者三様の作品を購入することができる。

名護屋城天守閣跡からの景色…P68、140

場所：佐賀県唐津市鎮西町名護屋1938-3
営業時間：見学自由　問い合わせ：0955-82-5774

豊臣秀吉が朝鮮出兵の際に築き上げた名護屋城。かつて20万人の都市を築き、全国から名だたる戦国武将たちに屋敷を構えさせた。それらの歴史を伝える隣接する『名護屋城博物館』も必見。

舞鶴橋から見える高島…P76

場所：佐賀県唐津市東城内

舞鶴橋から見える高島が、なんだかかわいらしい。浜風を浴びながらぼうっと重なり合う島のシルエットを遠目に眺める。時々船が出る音がする。贅沢な佐賀の旅の時間を感じられる場所の一つだ。

恵びす湯…P85

場所：佐賀県唐津市大石町2532
営業時間：17:00〜20:30　定休日：日
問い合わせ：0955-72-4761

佐賀に残る唯一の銭湯がこの『恵びす湯』。昭和から変わらない280円という入浴料。経営は困難だが、最近では、地元の住民や、銭湯好きの若者たちに支えられながら、楽しく続けられているという。

唐津神社…P36、45

場所：佐賀県唐津市南城内3-13　開門時間：参拝自由
問い合わせ：0955-72-2264

11月になると、唐津最大の行事となる『唐津くんち』が開催され、全国からたくさんの人たちが集まってくる唐津神社だが、日常の境内もまた厳か。歴史が土地に染み付いているのを感じる。

唐津と恵比須様…P37

場所：佐賀県唐津市京町1771

大石町の石造恵比寿像…P84

場所：佐賀県唐津市大石町2421

佐賀を歩いていると恵比須様の石像を驚くほどたくさん見かける。釣り竿を片手に鯛を抱える商売繁盛の神様は、海の町・唐津でも数多く存在している。それぞれ違う個性を楽しむのも散歩の醍醐味。

曳山展示場…P44

場所：佐賀県唐津市西城内6-33
営業時間：9:00〜17:00
休館日：11月3日、4日（唐津くんち巡行のため）
12月29日〜31日、12月 第1 火・水
問い合わせ：0955-73-4361

唐津で毎年開催される伝統行事『唐津くんち』。町中を勢いよく駆け巡る14台もの『曳山』が常設展示されている。会場内に足を踏み入れると、その大きさや迫力、個性豊かな様式美に圧倒される。

味処さかもと…P54

場所：佐賀県唐津市東唐津4-2-19
営業時間：11:30〜15:00、17:30〜21:00
定休日：水　問い合わせ：0955-72-2842

地元民に愛される老舗『さかもと』は、寿司にちゃんぽんと、様々な『佐賀グルメ』が堪能できる。夜は、唐津焼を愛する先代の話に耳を傾けながら、唐津の新鮮な魚介に舌鼓を打つ。贅沢な時間。

【武雄市】

朝日町の朝日…P4、10、128

場所：佐賀県武雄市朝日町

武雄の観光地の一つ『川古の大楠』に向かう途中、とてもうつくしい朝日に出会った。地図には『朝日町』の文字。納得。車を停め、しばらく金色に包まれた景色を眺めていた。魔法みたいな時間だった。

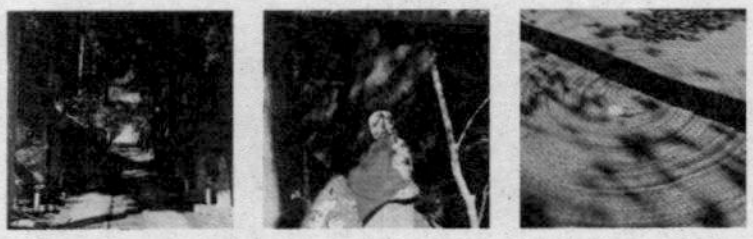

廣福寺の参道と庭園…P19、80、81

場所：佐賀県武雄市武雄町7438
営業時間：9:00〜17:00（11月のみ一般公開）
問い合わせ：0954-22-2649

秋の武雄温泉。旅館の女将さんに穴場を聞くと、真っ先に廣福寺の名前があがる。11月だけ公開されている庭園を運良く覗くと思わず息を飲んだ。気づけば楽園のような景色を独り占めしていた。

武雄の日常…P23

場所：佐賀県武雄市下西山

有名な観光地も、少し離れれば誰かの日常がいつも通り流れている。ふと立ち寄った酒屋では、佐賀の日本酒の話をたくさんしてくれた。何気ない風景も、ある瞬間、旅のスパイスになる時がある。

湯元荘東洋館からの景色…P28

場所：佐賀県武雄市武雄町武雄7408（温泉通り）
問い合わせ：0954-22-2191

400年の歴史を誇る老舗の宿『東洋館』は宮本武蔵が滞在したことでも有名。源泉掛け流しの湯、地元の作家の陶器作品でいただく会席料理など、宿の隅々に『おもてなし』の精神が宿っている。

武雄温泉楼門…P30

場所：佐賀県武雄市武雄町武雄7425
営業時間：元湯・鷺乃湯は6:30〜23:00（閉館24:00）
蓬莱湯は6:30〜20:30（閉館21:30）
問い合わせ：0954-23-2001

まるでおとぎ話の世界にタイムスリップしたかのような武雄温泉の楼門を抜けると、観光客はもちろん、地元の人たちにも愛される大衆浴場が。明治9年に創建された日本最古の温泉施設は必見。

鶴つる…P104、105

場所：佐賀県唐津市東城内13-3　営業時間：11:30〜18:00
定休日：木　問い合わせ：0955-72-7474

唐津城横に『うどん』ののぼりを見かけたら絶対に入った方がいい。300円とちょっとで、黄金色の出汁が香る、極上のごぼう天うどんが食べられる。聞けば、一杯に驚くほどの手間がかかっていた。

西の浜海水浴場の猫…P133

場所：佐賀県唐津市西の浜

夏は地元民で賑わう海水浴場。ただ、この浜に関して言えばオフシーズンが狙い目。潮風に揺られ、松林を眺めながら、ゆったりとした時間を過ごす。佐賀の日常のここちよさを感じられる場所。

【鹿島市】

肥前七浦駅…P42

場所：佐賀県鹿島市大字音成

古いと寂れているとではだいぶ印象が違う。大切なのは新旧問わず、誰かの手が行き届いて、呼吸しているかどうかだと思う。古びた静かな駅舎・肥前七浦駅の細部に、管理人の息づかいを感じた。

有明海の干潟…P86、87

場所：佐賀県鹿島市浜町近辺

日本一の海苔の生産量を誇る有明海。海苔がおいしくなる理由はいくつもあるが、最大6mと言われる干潟の干満差は見逃せない。潮が満ちると船さえ動かせなくなると、漁師は笑いながら話してくれた。

有明海の海苔漁…P88、89

場所：佐賀県鹿島市浜町

とある縁で、海苔漁の様子を見させてもらった。一つひとつ丁寧に干されたたくさんの網は、まるで自然界が産んだ宝物のようにも見えた。海苔の養殖は、まさに人間の知恵と自然の共演だ。

武雄神社の御神木（武雄の大楠）…P38

場所：佐賀県武雄市武雄町大字武雄5335
問い合わせ：0954-22-2976

蔦屋書店が企画・運営する武雄市図書館からほど近くにある、縁結びスポットとして有名な武雄神社。その裏手の大楠は推定樹齢3000年。12畳もの広さの空洞を根元に持つ、その姿はあまりにも神々しい。

【神埼市】

九年庵横の橋からの景色…P14

場所：佐賀県神埼市神埼町的1696

佐賀の大実業家、伊丹弥太郎が、自身の別荘に明治33年から『九年』の歳月を費やして築いた庭園『九年庵』も見事だが、佐賀の長い歴史が築き上げてきた自然の姿も、じっくり楽しみたい。

仁比山神社…P32、33

場所：佐賀県神埼市神埼町的1692
問い合わせ：0952-53-0340

秋の『九年庵』の入園を待つ行列を通り抜けた先に、荘厳な神社が現れる。喧騒から抜け出した境内の紅葉もまた見事。地元民に『山王さん』と呼び親しまれ、随所に現れるお使いのお猿さんが印象的だ。

尾崎人形…P56

場所：佐賀県神埼市神埼町尾崎地区

元寇の時に伝わってきたとされる焼き物の文化と玩具が、一度は絶えながらも、いまこの時代にこうして手にしていることに奇跡を感じる。鳩笛は、700年前のあの時と同じ音がするだろうか。

神埼町の景色（仁比山郵便局周辺）…P150

場所：佐賀県神埼市神埼町的347-2

紅葉を観に来る客で連日賑わう秋の『九年庵』の帰り、ふと、立ち止まって見つけた夕焼け。きれいな紅葉もいいが、佐賀は、何気ない日常の中にうつくしさがある。そう感じさせてくれた瞬間だ。

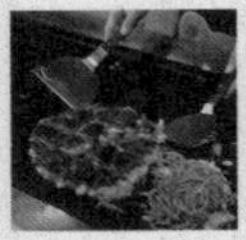
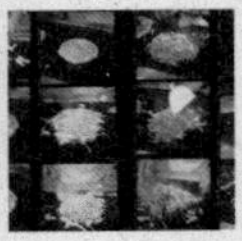

お好み焼き ふじ…P100 ～ 103

場所：佐賀県嬉野市嬉野町大字下宿乙1092-1
営業時間：11:30～23:30　定休日：火　問い合わせ：0954-42-1444

旅先でいつも迷うのは目移りしてしまうご当地グルメ。定番もいいけれど、たまには視点を変えてみる。例えば地元の人の行きつけのお店なら、『おいしい』以外の贅沢な時間や体験が得られるかも。

広川鮮魚店…P106、107

場所：佐賀県嬉野市嬉野町大字下宿乙2179
問い合わせ：0954-42-0818

佐賀で揚がった新鮮な魚介がたくさん並ぶ広川鮮魚店。嬉野の歴史をずっと見守り続けてきた歴史ある魚屋だ。常連客が今夜のお造りを注文していく。嬉野で暮らす人たちの食卓を羨ましく思う。

いろり焼 勝ちゃん…P108

場所：佐賀県嬉野市嬉野町大字下宿乙1090-2
営業時間：16:00～24:00　定休日：不定休
問い合わせ：0954-43-1345

新鮮なお刺身をいただいた後は、お座敷に上がって海鮮寄せ鍋の湯気に包まれる。もしくは嬉野名物のとろとろ『温泉湯豆腐』で日本酒も捨てがたい。家族で営む勝ちゃんは、お鍋みたいにあたたかい。

嬉野の街並み…P132

場所：佐賀県嬉野市

観光地としての温泉街に、暮らしがうまく調和しているのが印象的だ。昼と夜とでは表情を変えるのも魅力的。老夫婦と浴衣姿の外国人がお話ししてるのを見かけた。最近では若い観光客も増えている。

公衆浴場 シーボルトの湯…P134

場所：佐賀県嬉野市嬉野町大字下宿乙818-2
営業時間：6:00～22:00
定休日：毎月第3水　問い合わせ：0954-43-1426

まさに嬉野のシンボル。嬉野の人たちはみんな肌がツヤツヤで若々しい。その若さの源は、きっとここ『シーボルトの湯』。夜のランプの灯に誘われて、地元の人たちが集まってくる。これぞ公衆浴場。

【嬉野市】

豊玉姫神社とその参道…P12、26、27

場所：佐賀県嬉野市嬉野町大字下宿乙2231-2
問い合わせ：0954-43-0680

日本三大美肌の湯として知られている温泉地・嬉野の中心部。水の神を祀る豊玉姫神社。鎮座する白磁のなまず様は、豊玉姫の使い。境内に流れる瑞々しい空気が、訪れる人たちの肌を洗っていく。

嬉野温泉 旅館 大村屋…P13、40、41

場所：佐賀県嬉野市嬉野町嬉野町大字下宿乙848
問い合わせ：0954-43-1234

嬉野の魅力を語る上で、天保元年（1831年）と、一番古くから宿を構える老舗旅館・大村屋の存在は外せない。温泉だけではなく、嬉野茶、陶磁器をクロスオーバーさせ、新たな魅力を打ち出す。

谷鳳窯…P58 ～ 61

場所：佐賀県嬉野市嬉野町大字吉田丁3855
問い合わせ：0954-43-9850

伝統の陶磁器文化を覆すべく新たな挑戦が行われている中、粛々と伝統文化を継ぎ、敬意を持って新しい世界を切り開いている作家がいる。谷鳳窯に並ぶ革新的な作品からは土の歴史が伝わってくる。

肥前吉田焼が生まれる風景…P62

場所：佐賀県嬉野市嬉野町大字吉田

温泉地・嬉野から、肥前吉田焼の窯元が集まる里山へ移動する。途中、生活圏内を抜けるバイパスの何気ない風景から、徐々に、歴史と伝統の空気の中に突入する。ものづくりの気配が漂う景色。

【太良町】

大魚神社の海中鳥居…P16

場所：佐賀県藤津郡太良町大字多良1874-9地内

『月の引力が見える町・太良』という言葉。この鳥居を前に、その謎が解ける。干満差の大きな有明海の奇跡の絶景が見られる。満潮時は海に浮かぶ神秘的な鳥居。干潮時は猫もくつろぐ静かな海。

大浦港…P18、82、83

場所：佐賀県藤津郡太良町大浦

太良町はワタリガニ（竹崎かに）や牡蠣やアワビなどの貝やエビがよく揚がる。この日、漁から戻った漁師さんに見せてもらったのは太良名物コハダ。「新鮮さが自慢だ」と、力強く語ってくれた。

【有田町】

有田駅…P3

場所：佐賀県西松浦郡有田町外尾町丙

毎日のように通ったはずの駅舎も、視点を変えると違って見える。あたりまえの風景も、誰かにとってはかけがえのない景色になる。有田駅は、みんなが旅人に見える、なんだか不思議な駅だった。

器とデザイン…P64

場所：佐賀県西松浦郡有田町大樽1-5-6
問い合わせ：utsuwatodesign@icloud.com

東京でのグラフィックデザイナー経験を経て、有田に移住し作陶をはじめた宮崎雄太さん。国の重要伝統的建造物群保存地区の内山にアトリエを構え、日常使いできる陶磁器の魅力を発信している。

トンバイ塀…P72

場所：佐賀県西松浦郡有田町上幸平8

有田焼の産地として賑わう有田町。ふと裏通りを覗くと、『トンバイ塀』という不思議な名前の塀が見られる。登り窯を築くために用いたレンガ（トンバイ）の廃材等を赤土で塗り固め作った塀だ。

うちのふうど…P112、113

場所：佐賀県西松浦郡有田町下内野丙2496-1
営業時間：木・金・土 11:00〜18:30　定休日：日〜水
問い合わせ：0955-46-4471

有田焼の印象が強い有田町だが、里山・下内野エリアも、ゲストハウスやスパイスカレー屋と、新たな賑わいをみせている。『うちのふうど』もその一つ。おいしくてやさしい手作りパンが人気だ。

灯す屋…P130

場所：佐賀県西松浦郡有田町大樽2-3-6
営業時間：10:00〜16:00　定休日：水・日・祝
問い合わせ：090-1348-9230

有田の空き物件の活用や移住の相談の窓口として活動するNPO法人『灯す屋』。有田の豊かな暮らしと未来を案内するコンシェルジュとして、内山地区に開設した『春陽堂』で情報発信をしている。

企画・監修：佐賀県観光課
Open A（馬場正尊、塩津友里、清水襟子）
企画・編集・テキスト：加藤淳也（PARK GALLERY）
ブックデザイン：塚原敬史（trimdesign）
編集：堀越一孝、新庄清二（青幻舎）

［テキスト］
山田祐一郎〔P48、P50、P52、P155-158、P161〕
庄山陽子〔P90、P124〕
村岡昌一〔P91、P122-P123〕
高橋香歩〔P114-115、P117-121、P160、P162〕
鈴木暁子〔P142〕
井上英樹〔P163-164〕

［撮影］
堀越一孝〔P49、P90-91、P114-121、P125、P143、P156、P158-164〕
村岡昌一〔P91、P122-123〕
熊谷義朋〔P147-149〕（人物）

［協力］
江口昌紀
賀村航大
鈴木暁子
中村美由希
東成美
東京カラー工芸社

さがごこち

Saga Photo Guide Book

発行日　2020年4月24日

著者　佐賀県観光課／Open A
写真　MOTOKO

発行者　安田英樹
発行所　株式会社青幻舎
京都市中京区梅忠町9–1 〒604–8136
Tel. 075–252–6766 Fax. 075–252–6770
http://www.seigensha.com

印刷・製本　株式会社サンエムカラー

ISBN978-4-86152-784-5 C0026